MANUEL DE L'EXPOSANT.

PARIS. — TYPOGRAPHIE PLON FRÈRES,
Rue de Vaugirard, 36.

EXPOSITION DES PRODUITS DE L'INDUSTRIE DE 1849.

MANUEL

DE

L'EXPOSANT,

Par M. Julien LEMER.

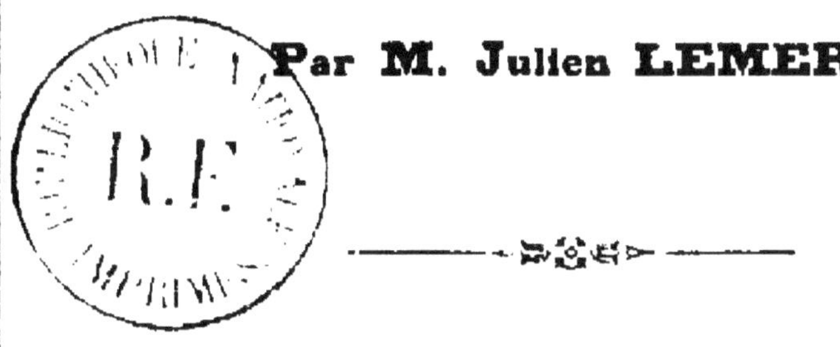

PARIS.

Chez L'AUTEUR, 1, RUE LAFFITTE
(Maison Dorée);

FURNE et PERROTIN, LIBRAIRES;
22, BOULEVARD MONTMARTRE;

CHALLAMEL, COMMISSIONNAIRE EN MARCHANDISES,
13, rue de la Harpe.

1849

AVANT-PROPOS.

En publiant ce petit *Manuel*, nous avons pensé faire une chose utile à la plupart des industriels qui envoient leurs produits aux Expositions quinquennales, et surtout à ceux qui, ne connaissant pas bien les conditions de l'admission, ne se rendant pas bien compte des avantages qu'ils peuvent et doivent retirer de ces exhibitions nationales, hésitent à concourir à ces magnifiques solennités.

Nous ne saurions trop engager les anciens exposants à ne point déserter, cette année, le pacifique champ de bataille de l'industrie, et tous les fabricants qui ont craint jusqu'à ce jour de s'y présenter à venir faire aujourd'hui leurs premières preuves. Au moment où le travail et le commerce viennent d'être si fortement ébranlés par le contre-coup des secousses politiques, il est du devoir de tous de contribuer à la renaissance du crédit en prouvant que notre industrie est désormais de force à résister aux crises de toute sorte. Plus les alarmistes, plus les étrangers la croient affaiblie, plus nous devons tenir à la montrer puissante et préparée à affronter les luttes et les concurrences de l'avenir. Ce n'est donc pas seulement une chose utile à leurs intérêts que feront les exposants de 1849, ce sera encore, ce sera surtout un acte de patriotisme intelligent!. Ils auront répondu à l'appel du génie industriel de la nation, que les ennemis de la France essaient de calomnier; la France leur en sera reconnaissante!

Nous nous adressons particulièrement aux agriculteurs : qu'ils jugent de l'influence que les Expositions agricoles peuvent avoir sur le progrès d'après celle que les dix Expositions précédentes ont exercée sur l'industrie, et qu'ils s'empressent de préparer les plus beaux produits de la terre pour les envoyer à la première grande Exposition qui leur est ouverte! Qu'ils prouvent que l'agriculteur français n'est pas moins ingénieux, moins intelligent que l'industriel; qu'enfin il sait, par la science et le travail, répondre dignement aux bienfaits de Dieu, qui a donné à notre belle France un sol si fécond et un si heureux climat!

MANUEL DE L'EXPOSANT.

CHAPITRE PREMIER.

PRÉCIS HISTORIQUE

DES EXPOSITIONS DES PRODUITS DE L'INDUSTRIE

Depuis leur fondation jusqu'à nos jours.

I.

IDÉE PREMIÈRE DES EXPOSITIONS.

Expositions préliminaires.

Les documents officiels publiés tant dans les rapports des divers jurys centraux qui ont été appelés à juger les expositions des produits de l'industrie, que dans le dernier rapport de M. le ministre du commerce, à propos de celle de 1849, ne font remonter l'idée première de ces grandes solennités industrielles qu'à l'an VI de la République (1798). Le savant travail historique placé en tête de l'excellent ouvrage que publièrent, il y a cinq ans, MM. Challamel et Burat sur l'exposition de 1844, ne donne point d'autre origine à cette magnifique institution.

Malgré toute la confiance que nous inspirent ces deux autorités, nous ne croyons pas devoir passer sous silence la réclamation à laquelle a donné lieu le résumé historique de MM. Challamel et Burat, de la part d'un vieillard de 88 ans, M. le marquis d'Avèze, qui a revendiqué, dans une brochure devenue très-rare aujourd'hui, l'honneur d'avoir eu le premier la pensée des expositions publiques de l'industrie française.

Quelques mots nous paraissent d'abord indispensables pour faire connaître la situation particulière de M. le marquis d'Avèze.

Agé de 88 ans en 1844, M. d'Avèze était, à cette époque, aveugle depuis une trentaine d'années. L'histoire de sa cécité mérite d'être rapportée. Au 20 mars 1815, attaché à la personne du roi Louis XVIII, il partit pour Gand avec la cour. En route il s'arrêta pour coucher, comme toute la suite du roi. Le lendemain matin, lorsqu'on vint le réveiller pour le départ, il se récria tout d'abord en alléguant qu'il ne faisait pas encore jour.

Effrayés et le croyant fou, ses amis s'approchèrent de son lit en lui affirmant que le soleil était depuis longtemps levé. Le malheureux marquis était devenu aveugle pendant la nuit.

Il a vécu ainsi plus de trente ans, d'une modique rente viagère, seul débris de sa fortune. On nous a assuré qu'il était mort en 1848, après avoir vainement sollicité une pension du ministère du commerce.

Quant à ce qui concerne l'idée première de l'exposition, nous laissons parler M. d'Avèze lui-même :

« Le Directoire était à peine installé que, conjointement avec MM. de Parny, de la Chabeaussière et Caillot, célèbre acteur du Théâtre-Italien, je fus nommé administrateur de l'Académie de musique, ayant alors pour titre Théâtre des Arts.

» Nous reçûmes ce bel établissement des mains des artistes sociétaires dans l'état le plus déplorable, et menaçant d'une chute prochaine.

» Grâce aux efforts de notre administration, qui dura trois années consécutives, nous laissâmes ce beau théâtre à nos successeurs dans la situation la plus satisfaisante et dans le chemin du progrès qu'il a toujours suivi et qu'il suit encore de nos jours.

» En l'an V (1797), je n'avais pas encore quitté l'Opéra, que le ministre de l'intérieur m'avait appelé pour être commissaire près des manufactures des Gobelins, de Sèvres et de la Savonnerie. Je n'eus pas besoin de faire un long séjour dans ces établissements pour m'apercevoir de la détresse dans laquelle ils étaient plongés : les ateliers étaient déserts; depuis deux ans les ouvriers mouraient de faim, les magasins étaient encombrés de marchandises, et aucune affaire commerciale ne venait les dégager.

» Je peindrais difficilement l'effet que produisit sur moi un semblable tableau; mais une idée subite et lumineuse vint s'offrir à mon esprit, et sembla me consoler pour l'avenir des malheurs du présent.

» L'idée d'une exposition de tous les objets d'industrie des manufactures nationales s'offrit à mon imagination sous les formes les plus flatteuses. J'écrivis mon projet, je fis le plan de son exécution et j'en formai un rapport au ministre de l'intérieur qui fut tout entier écrit de ma main, et remis par moi-même à M. Lancel, alors chef de division des Arts et Manufactures, dans lequel bureau doivent se trouver encore aujourd'hui les pièces dont je parle.

» Mon rapport eut bientôt l'approbation du ministre de l'intérieur, M. François de Neufchâteau ; il m'ordonna de mettre à exécution mon projet par tous les moyens utiles et convenables au gouvernement.

» Saint - Cloud me parut le lieu propre à l'exécuter. Il consistait d'abord à donner des fêtes publiques, pendant lesquelles les marchands de toute espèce, soit de Paris, soit d'ailleurs, des contrées environnantes, pourraient s'établir et y vendre sans être soumis à aucuns frais; pendant lesquelles aussi auraient lieu, dans le parc, des courses à pied, des spectacles et jeux de tout genre, qui seraient terminés par celui des grandes eaux à la fin de la journée, et par un feu d'artifice tiré à l'entrée de la nuit.

» Ces fêtes furent autorisées par le ministre, et eurent lieu conformément à mon projet; elles ne faisaient que la partie accessoire de mon plan, qui avait pour but principal l'Exposition publique des produits des manufactures nationales.

» Le château de Saint-Cloud était alors inhabité et totalement démeublé; il me parut le lieu le plus digne et le plus convenable pour faire l'exposition que j'avais conçue et pour lui donner toute la magnificence et l'éclat nécessaires pour attirer les étrangers et provoquer ainsi la vente des objets qui devaient y être exposés, et dont le produit devait adoucir la misère des malheureux ouvriers.

» Le château de Saint-Cloud me fut concédé sans peine ; je m'y établis et j'appelai de suite près de moi MM. Guillaumot, Duvivier et Salmon, directeurs des manufactures. Je leur fis part des intentions du gouvernement et je trouvai tous ces messieurs prêts à s'y conformer avec empressement, zèle et activité. En peu de jours, par leur bienveillante entremise, tous les murs des appartements du château se trouvèrent revêtus des plus belles tapisseries des Gobelins, tous les parquets des différentes pièces couverts de ces superbes tapis de la Savonnerie qui longtemps ont rivalisé avec les tapis de Turquie, et qui, depuis plusieurs années, ont acquis une grande supériorité sur ces derniers. Les grands et beaux vases, les magnifiques groupes, les superbes tableaux de porcelaine de Sèvres vinrent enrichir et embellir tous ces salons, où brillaient déjà les chefs-d'œuvre des Gobelins et de la Savonnerie.

» Le salon de Mars fut changé en un magasin de porcelaines, où l'on voyait les plus beaux services, les plus beaux cabarets, des vases à fleurs, enfin toutes les bagatelles de bon goût qu'enfante cette incomparable manufacture ; au milieu de ce salon et au sein de toutes ces richesses s'élevait une grande roue de fortune, contenant les billets de plusieurs tirages de loteries qui devaient se succéder. Tous les billets gagnaient un petit ou grand objet; le prix de ces billets était de douze francs.

» J'en étais là de l'Exposition, lorsque le ministre, pour me seconder, m'adjoignit M. Leseurre, attaché comme moi au ministère de l'intérieur, jeune homme plein de mérite, d'un zèle et d'une intelligence peu communs. J'avais déjà depuis quelque temps appelé auprès de moi M. Peyre, jeune architecte, d'un goût exquis et d'un talent distingué. Ce fut lui qui dirigea toute l'ordonnance de l'Exposition; et quand elle fut achevée, je pris les ordres du ministre avant de fixer le jour de l'ouverture des salons. Il fut arrêté qu'ils seraient ouverts dans les derniers jours du mois de fructidor. Quoiqu'ils ne le fussent pas encore, déjà une multitude d'étrangers, de personnes distinguées de la capitale, munis de billets particuliers, les avaient parcourus, et avaient acheté des objets assez remarquables pour produire des fonds suffisants à l'effet de les distribuer aux ouvriers des différentes manufactures, et par ce moyen améliorer un peu et momentanément leur sort.

» Le bruit que faisait cette Exposition future donnait un extrême désir à tous les habitants de Paris d'en jouir au plus tôt ; ils attendaient avec impatience le 18 fructidor, heureux jour qui avait été fixé pour l'entrée au château de Saint-Cloud. La cour était remplie d'équipages élégants, les salons occupés également de la manière la plus brillante, lorsqu'au milieu de cette bonne compagnie, je reçus un ordre officiel qui m'enjoignait de me rendre à l'instant au ministère et de remettre à un autre moment l'ouverture de l'Exposition. J'obéis à l'injonction ; et le 18 au matin, avant huit heures, j'étais rendu au ministère, où je reçus l'ordre de faire fermer le château.

» Déjà sur tous les murs de la grande cité se trouvait placardé le décret du Directoire portant expulsion de tous les nobles, avec ordre de se retirer, sous vingt-quatre heures, à trente lieues de Paris ; et ce, *sous peine de mort*. Je me trouvais alors dans la catégorie du décret, par conséquent obligé de m'éloigner sur-le-champ. Toutefois, les barrières étaient strictement fermées ; on ne pouvait les passer qu'avec un permis du commandant de la place.

» Ma position était doublement pénible : d'une part, il fallait obéir au décret du gouvernement ;

de l'autre, je lui devais compte de toutes les richesses que contenait le château de Saint-Cloud. Il me fut aisé de faire comprendre cette situation au ministre et au commandant de la place (le maréchal Augereau). Je le requis de m'accorder les forces suffisantes pour la garde du château, qui allait être fermé et dans lequel se trouvaient les objets les plus précieux. Il me donna une compagnie de dragons commandée par le capitaine Vatier; il ordonna qu'on me remît un laissez-passer, qui me fût délivré, et moyennant lequel je pus sortir de Paris et revenir à Saint-Cloud. Je fis faire devant moi un inventaire général de tout ce que j'y laissais; je fermai les portes, j'en remis les clefs à M. Maréchaux, concierge, conformément à l'ordre du ministre; j'établis tout autour les divers postes de dragons qui m'avaient été accordés pour sa sûreté, et, mes devoirs remplis, je me hâtai d'obéir au décret.

» Telle est l'histoire véritable et précise de l'idée première d'une Exposition nationale et de la première Exposition qui l'a suivie.

» Quant à la seconde, qui précéda de quelques mois celle qui fut faite au Champ-de-Mars, en l'an VI, elle eut lieu dans la maison d'Orsay, rue de Varennes, n° 667. »

Nous avons cru devoir laisser au récit de M. le marquis d'Avèze tous ses développements, cette histoire de l'idée première de l'Exposition nous a paru curieuse dans tous ses détails et nous pensons qu'elle ne peut manquer d'intéresser les nombreux industriels qui recueillent aujourd'hui les fruits de ce premier germe devenu si fécond. Nous nous bornerons à analyser son récit de la seconde Exposition préliminaire, celle de la maison d'Orsay.

Revenu à Paris au commencement de l'an VI (1798), M. d'Avèze reprit son idée d'Exposition ; mais cette fois il conçut le plan d'un établissement qui comprenait, outre les produits des industries de toute espèce, des exercices de jeux gymniques qui auraient lieu tant dans les salles que dans les vastes jardins de la maison. Il fut en cela puissamment secondé par le gouvernement.

Son exposition d'objets d'art et d'industrie était ainsi composée :

Première pièce (Galerie). — Étoffes de toute espèce, quincaillerie, bijouterie de tout genre ; librairie distinguée par sa composition, ses éditions, ses reliures : chose particulière, cette librairie était la plus en vogue au Palais-Royal ; elle appartenait à l'auteur de *Faublas*,

Louvet, membre de la Convention. Elle était tenue par sa femme, qui avait été surnommée, à cause de sa vertu, dont elle se glorifiait, *Lodoïska*, nom qui fut donné à cette galerie.

Deuxième salon. — Armes de toute sorte ; fusils, carabines, espingoles, pistolets d'arçon et de poche.

Troisième salon. — Ébénisterie ancienne et moderne de toutes les formes. On remarquait dans cette salle plusieurs ouvrages de Riessner, ébéniste de l'ancienne cour, et de Jacob, dont la réputation commençait à devenir célèbre.

Quatrième salon. — Horlogerie et mécanique. Plusieurs morceaux envoyés par L'Épine et Leroy, horlogers distingués de l'époque.

Cinquième salon. — Porcelaines des manufactures de Sèvres, de la rue du Temple, dite d'Angoulême, et de Nast, qui rivalisaient déjà avec les manufactures nationales.

Sixième salon. — Meubles magnifiques de la plus grande richesse et du meilleur goût, parmi lesquels on admirait des bureaux, des caisses de pendule et des bibliothèques de Boule enrichis d'ornements et de figures de bronze doré.

Septième salon. — Des cheminées, des tables et des colonnes en marbre de différentes carrières, décorées de médaillons et incrustées de divers ornements en bronze doré.

Huitième salon. — Des tableaux d'histoire de Vincent, David et Suvé; paysages par Hue et Valencienne; des fleurs par Vandael et Van Pankouck.

Neuvième salon. — Des gravures et des dessins des premiers maîtres du temps.

Dixième salon. — Histoire naturelle, oiseaux et animaux injectés.

Le *onzième salon* était consacré aux exercices des jeux gymniques, tels que la danse, la lutte et l'escrime. C'était également dans cette pièce que se tenaient deux fois par semaine des assemblées littéraires, et que se distribuaient les prix remportés dans les divers jeux.

On le voit, ce fut bien une véritable exposition de produits des arts et de l'industrie qui eut lieu à la maison d'Orsay. On peut, à la rigueur, lui contester le titre d'Exposition nationale, puisqu'elle fut l'objet d'une entreprise particulière. Néanmoins, il nous paraît juste de faire remonter l'idée première des solennités industrielles aux ingénieuses exhibitions imaginées par M. le marquis d'Avèze. C'est ce motif qui nous a fait entrer dans des développements si étendus sur ces deux tentatives, qui servirent en quelque sorte de prélude à la première Exposition officielle. Nous avons pensé que ces documents paraîtraient d'autant plus curieux qu'ils sont à peu près ignorés, tant des industriels que des économistes et des administrateurs. Au moins n'en est-il fait mention dans aucun des principaux ouvrages qu'ils ont publiés sur ce sujet.

L'histoire des autres Expositions étant beaucoup plus connue, nous nous bornerons à résumer les documents que nous avons recueillis dans les divers rapports rédigés par les jurys centraux, et particulièrement dans le travail historique qui sert de préface au magnifique ouvrage publié par MM. Challamel et Burat sur l'Exposition de 1844.

II.

PREMIÈRE EXPOSITION OFFICIELLE,

An VI — 1798.

A la fin de 1797, après les victoires d'Italie, le gouvernement commençait à s'affermir, la confiance renaissait, l'industrie paraissait vouloir prendre de nouveaux développements ; le Directoire voulut favoriser ce mouvement : il décréta qu'une fête splendide célébrerait l'anniversaire de la fondation de la République, et que cette fête aurait lieu pendant les jours complémentaires de l'an VI.

François de Neufchâteau, alors ministre de l'intérieur, réunit un conseil d'hommes éclairés et spéciaux, qu'il chargea de préparer un projet de fête ; c'est de ce conseil, sans doute inspiré par les deux essais préliminaires de M. d'Avèze, que sortit le plan de l'Exposition de l'an VI.

Cette solennité eut lieu au Champ-de-Mars. On construisit soixante portiques pour recevoir

les produits; ils furent disposés en parallélo-
gramme autour d'une place, et l'on éleva au
centre le temple de l'industrie. Rapprochement
curieux ! six semaines avant cette première
Exposition, dans le même emplacement, avait
eu lieu une autre cérémonie imposante; on y
avait fait l'inauguration des chefs-d'œuvre cédés
par l'Italie à la France; ils avaient été préser-
vés de la destruction et transportés à travers
les Alpes au moyen de procédés mécaniques
combinés par Monge et par les autres commis-
saires qui avaient été chargés de veiller sur ces
précieux objets d'art : c'était l'Apollon du Bel-
véder, la Vénus de Médicis, l'Hercule Farnèse,
le Laocoon; on plaça les tributs de l'Italie sur
des chars de formes antiques, et les dieux de
Rome et de la Grèce, qui s'étaient assis il y a
deux mille ans sur les autels de Delphes ou du
Capitole, étaient conduits dans cette marche
triomphale à l'ombre des lauriers et des dra-
peaux conquis par nos soldats. Ainsi à cette
fête en l'honneur des arts et de la gloire succé-
dait une autre fête qui devait réhabiliter le
travail et marquer l'avénement d'une nouvelle
puissance dans notre ordre social.

L'Exposition de 1798 ne donna qu'une idée
fort imparfaite des progrès réalisés par l'indus-

trie nationale pendant cette première période de son émancipation ; faute d'avoir été prévenus à l'avance, les manufacturiers des provinces éloignées ne purent y envoyer leurs produits. Il n'y parut guère que ceux de l'industrie de Paris et des départements qui l'avoisinent. Leur nombre s'éleva à cent onze seulement. Cependant cet essai suffit pour montrer tout ce que cette création présentait d'intéressant et tout ce qu'elle renfermait d'avenir.

Le Directoire avait si bien compris la portée de l'institution qu'il chercha à donner à cette première tentative le plus d'éclat et le plus de solennité. Le jour de l'ouverture, le ministre de l'intérieur se rendit à la maison du Champ-de-Mars, et de là au lieu de l'Exposition au milieu du cirque ; d'après la marche réglée d'avance et publiée par le *Moniteur,* on vit défiler successivement l'école des trompettes, un détachement de cavalerie, un peloton d'infanterie, les artistes inscrits pour l'Exposition, le jury, le bureau central, le ministre de l'intérieur, etc. Après que le cortége eut fait le tour de l'enceinte occupée par les portiques, le ministre de l'intérieur se plaça sur un tertre du Champ-de-Mars et prononça un discours approprié à la circonstance. Il rappela l'émancipation récente de l'industrie, releva les arts mécaniques de l'abaissement où les tenaient de vains préjugés, et termina en exprimant le regret que le court intervalle qui s'était écoulé entre l'annonce et l'ouverture de l'Exposition n'eût pas permis à tous les départements et à tous les chefs de fabrique d'y envoyer leurs produits.

L'Exposition ne dura que trois jours. Le jury, qui fut appelé immédiatement à faire son rapport, se composait de MM. Darcet, membre de l'Institut; Molard, membre du Conservatoire des arts et métiers; Chaptal, membre de l'Institut; Vien, peintre; Gillet-Laumond, du conseil des mines; Duquesnoy, de la Société d'agriculture; Moitte, sculpteur; Ferdinand Berthoud, horloger; Gallois, homme de lettres. Dans ce rapport, le jury déclare que les arts industriels sont dans la voie du progrès; qu'il suffira au gouvernement de leur donner une bonne impulsion pour rendre en peu de temps l'industrie française digne du rang que la France occupe parmi les nations. Il désigne ensuite les douze exposants qui ont envoyé les produits les plus remarquables; il mentionne ceux qui se sont le plus distingués après eux, et donne un souvenir aux villes de fabrique qui n'ont pas pu prendre part à l'Exposition.

Parmi les noms des douze exposants signalés comme les premiers, on en trouve qui sont restés célèbres dans les fastes de l'industrie française : MM. Breguet, dont le nom se rattache au progrès de l'horlogerie en France ; Lenoir, qui a doté le pays de la fabrication des instruments de mathématiques et de précision ; Didot et Herhan, qui ont fait faire des progrès à la typographie ; Dihl et Guerhard, dont la fabrique s'est montrée la digne émule de la manufacture de Sèvres dans les porcelaines peintes ; Désarnod, qui a perfectionné les cheminées de manière à utiliser trois ou quatre fois plus de chaleur dans le chauffage des appartements ; Conté, connu particulièrement par ses crayons, mais qui mérite à plus d'un titre la reconnaissance du pays (ce savant illustre sut, à force de génie et de volonté, refaire tous les instruments et les outils qui avaient été emportés par l'armée d'Égypte et engloutis à la bataille d'Aboukir ; c'est ainsi que son intelligence, suppléant tout ce qu'on avait perdu, subvint presque à elle seule aux besoins de l'expédition : de retour en France, il inventa, pour faciliter l'exécution des dessins qui devaient accompagner le récit de

l'expédition, une machine à graver les ha-
chures, qui fut bientôt adoptée par tous les artistes); Clouet et Payen, qui avaient établi une
grande fabrique de produits chimiques; Denys,
de Luat (Seine-et-Oise), qui exposait des cotons filés à tous les degrés, depuis les plus communs jusqu'au n° 110.

Quelques jours après, le ministre adressa une
circulaire aux autorités des départements pour
leur dire que le gouvernement avait l'intention
de faire une exposition tous les ans. Il indiquait
dans cette circulaire les règles et les formalités
qui devaient être adoptées pour préparer ces
exhibitions solennelles; savoir : la formation des
jurys départementaux appelés à choisir les produits dignes d'être admis à l'Exposition, et la
création d'un jury central chargé de les juger.
Ces règles et ces formalités ont servi de base au
système réglementaire appliqué depuis. « L'Ex-
» position n'a pas été très-nombreuse, disait
» M. François de Neufchâteau, mais c'est une
» première campagne, et cette première cam-
» pagne est désastreuse pour l'industrie an-
» glaise. Nos manufactures sont les arsenaux
» d'où doivent sortir les armes les plus funestes
» à la puissance britannique. » Le ministre an-
nonçait en outre que le jury central décernerait

vingt médailles d'argent aux vingt manufacturiers les plus habiles, et une médaille d'or à celui qui aurait porté le coup le plus funeste à l'industrie anglaise.

III.

DEUXIÈME EXPOSITION.

An IX — (1801).

Malgré la circulaire du ministre de l'intérieur, qui promettait des expositions annuelles, la seconde Exposition des produits de l'industrie n'eut lieu que trois mois après la première. Le Consulat avait succédé au Directoire, le crédit avait reparu à la suite des glorieuses victoires remportées par nos armes. Le premier consul plaçait à cette époque son titre de membre de l'Institut avant tout autre, parcourait, accompagné de ses illustres amis, Berthollet, Monge et Chaptal, les ateliers et les grandes manufactures de Paris, de Rouen, de Lyon, de Milan, de Bruxelles, de Liége, d'Aix-la-Chapelle, stimulant chacun au progrès, distribuant partout les encouragements et les récompenses.

Cette Exposition, consacrée comme la première à fêter l'anniversaire de la République, eut lieu dans l'enceinte du Louvre sous des por-

tiques élégants préparés exprès pour cette solennité.

Deux cent vingt fabricants y furent admis,
c'est-à-dire le double du nombre qui avait fi-
guré à la première Exposition. Sept fabricants,
qui avaient déjà obtenu la médaille d'or, furent
placés hors de concours. Il fallut également mettre hors de concours les huit meilleurs fabricants, placés au second ordre en 1798, pour
réserver les médailles d'argent à leurs égaux en
industrie. De là la coutume, adoptée dans les
expositions subséquentes, de voter seulement le
rappel des médailles en faveur des fabricants
qui continuent à mériter cette distinction. On
distribua dix médailles d'or, vingt d'argent,
trente de bronze.

Des noms qui passeront à la postérité, se distinguent parmi les membres du jury : Berthollet, Berthoud, Guyton de Morveau, de Prony,
Vincent, le peintre, et M. Costaz, qui obtint
quatre fois l'honneur d'être chargé du rapport
sur les expositions.

Les laines du troupeau de Rambouillet paru-
rent à cette exposition. On remarqua les progrès qu'avait faits la production des laines, sous
l'influence des améliorations introduites par
M. Tessier, Huzard et Gilbert. En 1798, au-

cun fabricant de lainage n'était classé parmi ceux de premier ordre ; en 1801, un portique spécial leur fut consacré. La manufacture de Louviers brilla dans les tissus envoyés par Decrétot ; Ternaux exposa les produits les plus beaux des manufactures de Sédan, de Reims et de Vervins. Les tissus de coton se présentèrent avec les combinaisons les plus variées. Les tapis de Sallandrouze, les porcelaines de Sèvres, les poteries de Sarreguemines, les maroquins de Choisy-le-Roi, qui surpassaient en beauté ceux du Levant ; les chefs-d'œuvre de typographie des Didot, des Herhan et des Piranesi, fixèrent l'attention et furent signalés par le jury.

Jacquart n'obtint à cette exposition que la médaille de bronze. Le jury traite assez légèrement dans son rapport l'œuvre de cet homme de génie. On ne s'en étonne pas trop lorsque l'on considère l'histoire de l'illustre Lyonnais et de son admirable invention. D'abord obscur fabricant de chapeaux de paille, Jacquart se mit à étudier les machines ; il commença par fabriquer une mécanique à faire du filet, laquelle passa presque inaperçue. Cependant Napoléon, en ayant entendu parler, fit arrêter et conduire à Paris l'inventeur, sous la garde d'un gendarme. Aussitôt qu'on le lui eut présenté :

« Est-ce vous, lui dit-il d'un ton brusque, qui
» prétendez faire ce que Dieu tout-puissant ne
» saurait faire, un nœud à une corde tendue? »
Jacquart alors lui montra sa machine, et lui en
expliqua le mouvement. Il retourna dans sa
ville récompensé d'une pension de mille écus,
qui fut portée plus tard à six mille; mais il
éprouva la plus grande difficulté à introduire sa
machine parmi les tisserands en soie; il fut trois
fois en danger de sa vie; le conseil des prud'-
hommes brisa son métier en place publique,
en vendit le fer, et le bois, comme matériaux
de rebut, et le signala à la haine publique.
Quelques années plus tard la fabrique de Lyon
adoptait son invention et trouvait en elle le
moyen de dominer la concurrence étrangère.

Les médailles d'or, distribuées dans l'expo-
sition de 1801, furent données à MM. Soulage
et Bossut, nouvelle écluse pour les canaux;
Soller, Guentz et Goury (Moselle), scies, limes
et faux; Utschneider (Sarreguemines), poterie;
Merlin - Hall (Montereau), poterie; Fauler,
Rempf et Muntzer (Choisy-le-Roi), maroquin;
Montgolfier (Annonay), papier; Decretot (Lou-
viers), draps; Ternaux frères (Reims, Sédan,
Louviers, Ensival), draps et casimirs; Delaitre-
Noël et Cᵉ (Arpajon), cotons filés à la filature

continue ; Lieven-Bawrens (Passy), cotons filés à la Mulljenny ; Morgan et Delahaye (Amiens), velours ; Lignereux, Jacob, fabricants de meubles.

IV.

TROISIÈME EXPOSITION.

An X — (1802).

Il n'était pas présumable que l'industrie française eût dû réaliser de grands progrès en une année. Cependant la paix ayant favorisé le développement de la production, le nombre des exposants s'élève de 220 en 1801 à 540 en 1802.

De très-notables améliorations que l'Exposition de 1801 avait fait seulement pressentir nous furent définitivement acquises. Les étrangers vinrent en foule observer et juger nos progrès; les Fox, les Erskine, les Hawkesbury reportèrent en Angleterre l'impression que leur fit éprouver cette solennité. Les Anglais disent souvent, en manière de plaisanterie, que ce que Fox admira le plus à l'Exposition française, ce fut les *eustaches* de six liards. M. Ch. Dupin dit à ce sujet, dans son rapport de 1834, que M. Fox aurait pu y admirer aussi des draps de

Castres, de prix échelonnés depuis 18 francs jusqu'à 1 franc le mètre.

C'est là qu'on vit paraître les premières machines pour le filage et le tissage des étoffes de laine, les premières imitations des cachemires de l'Orient par Ternaux et Decretot, les machines à filer la soie, de Vaucanson; le bélier hydraulique, de Montgolfier; des perfectionnements importants sont constatés dans l'industrie métallurgique, dans la poterie, dans l'horlogerie, les instruments de précision, etc., etc.

Sur les 540 exposants, 119 obtinrent des médailles; 22 eurent la médaille d'or, voici leurs noms : MM. Jubié (Saône et Isère), soies fines et superfines, gréges et moulinées; Camille Pernon (Lyon), étoffes de soie; Louis Pouchet (Rouen), filature de coton; Richard et Noir-Dufresne, cotonnades; Payn fils (Troyes), bonneterie; Johannot (Annonay), papiers; Berthoud, Breguet et Janvier (Paris), horlogerie; Droz (Paris), art monétaire; Aubert (Lyon), métiers à tricot; Montgolfier (Lyon), bélier hydraulique; Colin de Cancey et Sercilly (Souppes), aciers; Boutet (Versailles), armes; Decroisilles (Rouen), produits chimiques; Amfry et Darcet (Paris), produits chimiques; Potter (Montereau) et Fourmy (Paris), poterie; Odiot et Auguste (Paris), orfévrerie ; Joubert et Masquelier (Paris), gravure.

C'est quelque temps après cette Exposition que fut fondée la Société d'encouragement, l'une des institutions qui ont exercé la plus grande influence sur notre industrie. Cette Société, par la fondation de prix nombreux, a provoqué des recherches et suscité des efforts qui ont été souvent couronnés de succès. Les prix qu'elle proposa dans son premier programme, étaient seulement au nombre de quatre, d'une valeur totale de 3,600 fr. Aujourd'hui la valeur des prix offerts par elle aux inventions et aux perfectionnements les plus utiles, s'élève à plusieurs centaines de mille francs. Parmi les principaux actionnaires fondateurs de la Société on comptait le premier consul pour cent actions, le ministre de l'intérieur pour cinquante, et M. Récamier pour le même nombre.

V.

QUATRIÈME EXPOSITION.

1806.

Cette Exposition fut la dernière qui eut lieu sous l'Empire. L'empereur fut moins favorable à l'industrie que le premier consul. Elle fut installée sur l'esplanade des Invalides. Le nombre des exposants doublait à chaque Exposition. De 540 en 1802, il s'éleva à 1,422 en 1806. Cet accroissement prouvait à la fois les progrès incessants de l'industrie française et la popularité de l'institution.

L'industrie du fer commençait à se développer. Une seule usine, le Creusot, traitait le minerai de fer à l'aide du coke. Les aciers, qui n'avaient pas paru à l'Exposition de 1801, qui ne s'étaient présentés qu'en petite quantité à celle de 1802, furent plus nombreux en 1806; le jury les fit essayer par des fabricants expérimentés, et il fut reconnu qu'ils étaient généralement de bonne qualité. Des limes et des râpes méritaient des médailles d'argent aux manufacturiers qui les avaient envoyées. MM. Coulaux frères obtenaient une médaille d'or pour la fabrication d'armes blanches qu'ils avaient établie dans leurs usines du département du Bas-Rhin, et notamment à Klingenthal.

Une grande amélioration fut également constatée dans l'industrie des laines, dans la filature et le tissage du coton; la fabrication des mousselines fut une des plus remarquables conquêtes que signala cette Exposition. Aucune mousseline n'avait encore été exposée. Les soieries, les dentelles, les blondes se distinguèrent aussi par des progrès très-importants.

Ainsi la France, tout en conquérant des industries nouvelles, ne négligeait pas celles qui faisaient depuis longtemps honneur à sa fabrication. Saint-Quentin, Cambrai, Valenciennes continuaient à produire des linons et des batistes dont la perfection comme la renommée se maintenaient toujours avec le même avantage. Les toiles de Flandres et de Courtray conservaient aussi leur réputation. Venaient ensuite celles des Côtes-du-Nord, de la Sarthe, de la

Mayenne, avec leurs qualités spéciales : la solidité, le bon marché, etc.

C'est en 1806 qu'on voit paraître pour la première fois à l'Exposition les toiles peintes de Mulhouse et de Logelbalch : elles n'obtiennent encore que la récompense du second ordre, mais déjà l'opinion du jury fait pressentir les destinées industrielles de Mulhouse ; et en décernant la médaille d'argent à MM. Dolfus-Mieg, il ajoute que tous les fabricants de toiles peintes de cette ville doivent voir dans cette médaille une preuve de l'estime du jury.

Les porcelaines et les faïences furent nombreuses à l'Exposition de 1806. M. Gonord y présenta des pièces sur lesquelles des gravures en taille-douce avaient été transportées à l'aide de procédés mécaniques.

Quoiqu'il n'y ait pas eu d'Exposition sous l'Empire après 1806, l'industrie réalisa de très-grands progrès pendant le long espace de treize années qui sépara la quatrième de la cinquième Exposition. Le système continental, système faux au point de vue de l'économie politique et du développement de la consommation, eut pourtant une action très-utile sur notre industrie. *Industriosum facit hominem necessitas*, dit le vieil adage latin ; la prohibition

absolue de tous les produits de provenance anglaise créa pour la France des nécessités qui
fécondèrent le génie des inventeurs et des industriels. Parmi les fabrications entreprises sous
l'empire de ces nécessités, plusieurs n'ont eu
qu'une existence momentanée, d'autres ne se
maintiennent dans une prospérité assez problé-
matique qu'à l'aide des droits protecteurs ou
des prohibitions ; mais quelques - unes se sont
complétement naturalisées françaises et ont acquis chez nous un degré de perfection et de
supériorité remarquable. Au milieu des dé-
sastres qu'il a causés, reconnaissons au moins
ces quelques heureux résultats du système continental. Il faut parfois savoir regarder le bon
côté des choses, surtout lorsqu'elles sont passées
à l'état de faits accomplis !

VI.

CINQUIÈME EXPOSITION.

1819.

Comme chaque régime politique a ses saints particuliers, ce fut l'anniversaire de la Saint-Louis que la première exposition de la Restauration fut appelée à célébrer ; ce qu'elle fit dignement, puisque 1,662 industriels vinrent étaler leurs produits sous les portiques du Louvre.

L'Exposition de 1819 mit surtout en lumière les progrès réalisés sous le régime impérial : quelques industries, établies dans des conditions factices, s'étaient écroulées ; mais la paix survenue après des guerres si longues avait imprimé une activité nouvelle au génie national.

Les arts métallurgiques, qui forment en quelque sorte la base de tous les autres, avaient subi des modifications importantes depuis l'Exposition de 1806. A cette époque, il n'existait qu'une seule usine, celle du Creusot, où les minerais de fer fussent fondus par le moyen de la houille carbonisée. Les hauts-fourneaux de la Loire envoyèrent des fontes à l'Exposition de 1819. Les forges de Grossouvre (Cher) montrèrent des fers, non plus battus au marteau, mais étirés au laminoir. L'Exposition de 1819 apprit également que le problème de la fabrication de l'acier était complétement résolu par les fabricants français. Des aciéries établies dans vingt et un départements avaient envoyé des échantillons aussi variés qu'abondants; l'industrie française fournissait les tôles, qu'on tirait naguère en grande partie de l'étranger. La tréfilerie, qui ne produisait précédemment que des fils de fer, livrait également des fils d'acier. La fabrique des limes et des râpes, des faux et faucilles, des outils de toute sorte, des objets de quincaillerie, avait pris une extension notable et suffisait à la consommation. Parmi les machines, on remarqua la machine à tondre les draps inventée par John Collier et nommée la Tondeuse, qui a été adoptée partout.

Les tissus de laine, de soie, de fil, de coton, y figurèrent aussi avec le plus grand honneur; des progrès immenses avaient été faits dans toutes ces industries, grâce au perfectionnement des machines : on tendait surtout à fabriquer à bon marché des étoffes accessibles au denier du pauvre, à répandre le bien-être du vêtement dans les classes peu aisées de la société.

On distingua, parmi les autres produits, des pièces d'horlogerie, des instruments de préci sion, des produits chimiques d'une qualité supérieure et d'un prix peu élevé ; des échantillons de papier, des gravures faites par un procédé qui permettait de tirer des épreuves à telle échelle qu'on voulait en se servant d'une même planche gravée, les procédés de stéréotypage de M. Herhan, les faïences de Sarreguemines, des pièces de porcelaine décorées par impression, le moiré métallique inventé par M. Allard, des meubles de genres variés fabriqués avec des bois indigènes ; de l'orfévrerie, de la bijouterie, du plaqué, des bronzes ciselés et dorés, dans lesquels le jury signalait le goût des formes, le choix et la disposition des ornements, la perfection du travail.

Trois cent soixante médailles et dix-sept croix d'honneur furent distribuées. Voici les noms de ceux qui obtinrent des décorations :

MM. Beaunier, ingénieur en chef des mines, qui dirigeait l'école des mines de Saint-Étienne, laquelle avait contribué à fonder en France la fabrication des aciers, et devait plus tard établir notre premier chemin de fer, celui de Saint-Étienne à Andrezieux ; Bonnard , de Lyon , qui avait naturalisé la fabrication des tulles à maille fixe en France par le perfectionnement de la filature de la soie sina ; Firmin-Didot, qui avait exposé plusieurs chefs-d'œuvre de l'art typographique ; Dufaud , qui avait établi et perfectionné dans l'usine de Grossouvre le travail du fer au laminoir ; Jacquart, l'inventeur du métier qui porte son nom , qui n'avait obtenu qu'une médaille de bronze en 1801 , qui reçut cette fois une récompense plus en rapport avec ses services , et auquel la ville de Lyon vient d'élever une statue sur une de ses places publiques ; Daniel Kœchlin , dont les découvertes ont fait fleurir la brillante fabrication de toiles peintes de la Haute-Alsace ; Vitalis, qui rendit des services analogues à la fabrique de Rouen ; Raymond , de Lyon , qui avait trouvé un procédé pour fixer le bleu de Prusse sur la soie, et dont cette couleur a conservé le nom , bleu Raymond ; Widmer, de Jouy, qui avait enrichi l'art d'imprimer sur toile d'un vert d'application extrêmement solide, découverte jugée d'une telle importance, qu'il avait été proposé en Angleterre un prix de 2,000 guinées pour celui qui la ferait; Arpin père, fabricant de mousseline à Saint-Quentin; Bacot, fabricant de drap à Sédan; Beauvais, Depouilly, Mallée, fabricants de soierie à Lyon; Saint-Bris, fabricant de limes à Amboise; Utzschneider, fabricant de poterie à Sarreguemines. On donna en outre le titre de baron à MM. Ternaux et Oberkampf, le cordon de Saint-Michel à M. Darcet.

VII.

SIXIÈME EXPOSITION.

1823.

Le nombre des exposants fut un peu moins considérable en 1823 qu'en 1819. 1,648 industriels seulement furent admis à y prendre part. Cependant le progrès ne s'était pas ralenti ; au moins si l'on en juge par le nombre des récompenses, qui s'élève à 470 : 100 environ de plus qu'en 1819.

Cette Exposition mit le jury à même de constater de nombreux et importants perfectionnements dans nos divers tissus, dans nos procédés pour travailler les métaux, dans nos teintures, dans nos instruments d'optique, dans la fabrication de nos papiers, mais elle offrit peu de choses tout à fait nouvelles ; ce qu'on y remarqua le plus ce fut le modèle d'un pont suspendu en fil de fer, le premier qui ait été établi en France, et qui fut construit sur le

Rhône, entre Tain et Tournon, par MM. Séguin frères, ces ingénieurs civils qui devaient exécuter plus tard le chemin de fer de Saint-Étienne à Lyon. L'invention ne fut accueillie alors qu'avec défiance, le jury révoquait en doute que les ponts suspendus pussent supporter le gros roulage et être employés sur les voies de grande communication ; les ponts suspendus ont triomphé, et le prix inférieur auquel on les construit a permis d'en couvrir en quelque sorte le territoire. MM. Séguin n'obtinrent qu'une médaille d'argent.

VIII.

SEPTIÈME EXPOSITION.

1827.

Cette fois il n'y eut pas diminution, mais accroissement dans le nombre des exposants ; mais le chiffre ne fut pas encore fort élevé. 1795 industriels envoyèrent leurs produits au Louvre, 425 seulement obtinrent des récompenses.

Quoiqu'il ait été distribué moins de récompenses en 1827 qu'en 1823, il est certain que cette Exposition fut, sous beaucoup de rapports, supérieure à la précédente. On y constata notamment de grands progrès dans la fabrication des machines à vapeur, de nouveaux et notables perfectionnements dans celle des tissus de toute sorte. Qu'on juge de la rapidité de l'extension que prenaient nos manufactures par ce seul fait : la fabrication du tissu mérinos, que l'on connaissait à peine vingt ans auparavant, représentait alors une valeur annuelle de quinze millions. L'industrie des châles se développait avec non moins de bonheur et de promptitude.

Un problème important avait été résolu dans la production de la soie. Bornée jusqu'alors aux départements méridionaux, qu'on croyait seuls favorables au développement du mûrier, elle s'étendait aux départements du centre et semblait vouloir gagner le Nord. Les soies étaient plus pures et d'un filage plus net. La bourre de soie, préparée avec soin, fournissait la matière d'une foule de nouveaux tissus. On distingua surtout des étoffes de bourre de soie et de laine.

La fabrique de tulle, qui avait fait son apparition à l'exposition de 1823, occupait un nombre considérable d'établissements, et le prix de ses produits avait baissé de soixante pour cent. C'est à cette époque qu'il faut rapporter les applications ingénieuses qui furent faites de cet article par nos brodeuses, et les progrès opérés dans la consommation. Enfin les guingans, presque inconnus quelques années auparavant, étaient devenus d'un grand usage et faisaient concurrence aux indiennes. L'art d'imprimer sur étoffes de son côté redoublait d'efforts et venait d'adopter le procédé de gravure à la molette, procédé prompt et économique pour les dessins continus à points groupés.

La fabrication du papier s'était enrichie de nouveaux procédés. Le collage à la cuve avait été tenté avec succès. La machine à papier venait d'être établie dans trois usines, et avait donné les plus beaux produits.

Breguet exposait des chronomètres au prix réduit de 1,000 francs ; Appert, des conserves alimentaires ; Vicat, des chaux hydrauliques ; la manufacture de Sèvres, des peintures sur verre appelées de nouveau à concourir à la décoration de nos églises.

IX.

HUITIÈME EXPOSITION.

1831.

Pendant les sept années qui séparèrent cette Exposition de la précédente, l'industrie avait eu à subir bien des crises périlleuses, les commotions politiques avaient resserré le crédit et ralenti les affaires; cependant le nombre des exposants s'accrut dans des proportions considérables, on dut faire construire pour cette exhibition quatre pavillons sur la place de la Concorde pour recevoir les produits de 2447 industriels qui furent admis à y figurer. On distribua 697 médailles et 23 décorations de la Légion d'honneur. En exécution de l'ordonnance du 4 octobre 1833, quelques récompenses furent aussi décernées à des producteurs qui n'avaient pas exposé.

Nous n'essaierons pas d'indiquer en détail tous les progrès que le jury de 1834 a eu à signaler ; nous croyons qu'il vaut mieux renvoyer nos lecteurs au lumineux rapport publié par M. Charles Dupin, qui a consacré tout son premier volume à analyser les progrès et les perfectionnements introduits dans les diverses branches de notre industrie depuis 1789 jusqu'à 1834. Ce rapport, rempli de faits curieux, renferme surtout de ces détails statistiques intéressants pour lesquels M. Ch. Dupin a une prédilection toute particulière. Nous citerons entre autres le relevé des médailles décernées aux diverses Expositions comparé aux chiffres des exposants; il résulte de ce travail qu'en

1798 il y eut 23 médailles par 100 expos.
En 1827   26   —
En 1834   28   —

Le tableau comparatif du nombre des médailles décernées et des brevets d'invention obtenus ne nous a pas paru moins curieux. Le voici :

Années.	Médailles décernées.	Brevets d'invention.	Médailles par 100 brevets.
1798	25	10	250
1801	69	34	203
1802	119	29	411
1806	119	74	161

Années.	Médailles décernées.	Brevets d'invention.	Médailles par 100 brevets.
1819	360	138	261
1823	470	187	250
1827	425	281	151
1834	697	576	121

Ce ne sont là toutefois que des curiosités ; et si le rapport n'offrait pas de meilleûres preuves que ces chiffres pour témoigner des progrès de l'industrie, on pourrait, à bon droit, se défier de son optimisme. Mais les résultats matériels, dans les machines à vapeur, dans les outils, dans les tissus, dans les instruments de précision, dans les produits chimiques, semblent ne pas permettre de douter des perfectionnements apportés dans la fabrication.

Citons quelques exemples :

L'industrie des châles améliore le travail de main - d'œuvre à tel point qu'on estimait, en 1834, que le prix des châles avait baissé de 30 à 40 pour cent depuis l'Exposition de 1827.

La production de la soie augmente sensible - ment, la filature du lin se prépare à se naturaliser en France, l'industrie du coton, après une longue crise, se rélève avec énergie et expose des produits très-supérieurs.

Pendant que la Normandie fabrique des indiennes communes à l'usage des consommateurs peu aisés, l'Alsace perfectionne les indiennes fines, dont elle livre annuellement au commerce sept cent vingt mille pièces estimées 43 millions. Le jury les cite pour l'éclat et la solidité des couleurs, l'élégance des dessins, la délicatesse des nuances, la netteté de l'impression. Leur supériorité reconnue leur fait franchir le détroit, et on les voit étalées dans les magasins de Londres dont elles forment le plus bel ornement.

Notre industrie s'enrichit des fils et tissus de caoutchouc qui méritent une médaille d'or à MM. Rattier et Guibal.

Le jury signale la propagation des mécanismes employés à produire les papiers continus. L'application des cylindres gravés à l'impression des papiers de tentures vaut une médaille d'or à MM. Zuber de Mulhouse. On reproche en général à nos fabricants de bronze et à nos orfévres de copier des formes anglaises de mauvais goût; mais on récompense MM. Wagner et Mansion qui avaient remis en honneur l'art de nieller et dont les produits rappelaient heureusement le bon style florentin du moyen âge. Parmi les produits chimiques, un surtout attire l'attention, le nouvel outremer fabriqué artificiellement par M. Guymet de Lyon, aussi beau et infiniment moins cher que l'ancien. Nos fabriques de poteries exposent un produit nouveau, qu'ils désignent sous le nom un peu ambitieux de porcelaine opaque ou de demi-porcelaine, mais qui, s'il est moins beau que la porcelaine, l'emporte sur la faïence dite terre de pipe et se vend à des prix modérés. Nos verreries et nos fabriques de glaces paraissent avec un nouvel éclat. Si l'ébénisterie ne se fait pas remarquer par un goût bien pur, elle se crée de nouvelles ressources par l'emploi de la marqueterie, des incrustations de cuivre et des bois de couleur. C'est aussi à cette Exposition qu'on voit reparaître la gravure sur bois, longtemps négligée et qui est employée avec tant de succès dans les livres *illustrés*.

X.

NEUVIÈME EXPOSITION.

1839.

Sous tous les rapports, cette Exposition fut de beaucoup supérieure à toutes celles qui l'avaient précédée. 4,381 exposants y prirent part, c'est-à-dire environ 1,000 de plus qu'à celle de 1834. Le nombre des récompenses distribuées fut de 878, non compris les rappels des distinctions obtenues précédemment. Il fallut choisir un plus grand emplacement pour recevoir la masse des produits. On installa l'Exposition au grand carré des Champs-Élysées dans une galerie, et huit longues salles occupant une superficie de 16,500 mètres carrés. Encore fallut-il construire une salle entière pour développer convenablement les produits envoyés par la grande industrie de Mulhouse.

Comment énumérer toutes les conquêtes réalisées pour notre industrie et dont les trophées ornaient les salles de cette Exposition? Que de résultats heureux le jury trouve à constater!

La filature de la laine à la mécanique nous est complétement acquise; celle de lin ne tardera pas à l'être. On signale surtout les établissements de MM. Féray à Essonne et Scrive à Lille. La fabrique des machines a pris une grande extension; plus de cinquante usines construisent des machines à feu d'une force extraordinaire. La France, au commencement du siècle, possédait à peine quelques machines à feu; on les compte par milliers. Les machines à papiers continus ont été portées à un si haut degré de perfection, qu'elles s'exportent au loin. Le métier à la Jacquart, si utile, a reçu de nouveaux perfectionnements. Un ingénieux mécanisme imaginé par M. Grimpé façonne le bois en meubles, en ornements, en bois de fusil, etc. D'excellents chronomètres, des chronomètres éprouvés, se payent moitié moins qu'en 1834; tous nos bâtiments en seront pourvus et ne courront plus le risque de se jeter sur la côte par des temps brumeux. Les puits forés, qui promettent de rendre de si éminents services à l'agriculture, ont été l'objet de nouveaux essais dignes d'encouragement. (On travaillait dès lors au puits de Grenelle). C'est d'Angleterre que nous venaient les meilleures aiguilles nécessaires à notre consommation : la France en produit aujourd'hui qui ne laissent rien à désirer. Deux nouveaux produits ont pris rang dans l'industrie : la bougie stéarique, qui a tant d'avenir; la teinture en bleu de Prusse, qui, avec le temps, remplacera presque entièrement celle de l'indigo. Nos cristaux sont aussi limpides et d'une taille aussi parfaite que les cristaux étrangers; ils l'emportent par l'élégance des formes, par la variété des couleurs et la solidité des décors métalliques. Rien de plus beau, de plus éclatant que nos vitraux. Depuis longtemps on cherchait à fabriquer le flint-glass et le crown-glass par un procédé régulier qui permît de les obtenir d'une parfaite qualité et de dimensions convenables pour tous les usages de l'optique : ce problème est résolu. Un grand pas a été fait dans les moyens de décorer la porcelaine et d'ajouter à sa valeur. Des pierres lithographiques d'une qualité supérieure ont été découvertes dans plusieurs contrées du royaume. La lithographie est parvenue à opérer facilement le report de toutes les impressions : les ouvrages les plus rares pourront donc être reproduits avec tous les caractères qui les distinguent. Les belles carrières

de marbre des Pyrénées fournissent en abondance des produits magnifiques, qui offrent une
nouvelle ressource à l'exportation. La chimie et
la physique apportent des améliorations à un
grand nombre de nos procédés de fabrication ,
tant en fait de tissus qu'en fait de tannerie ;
c'est ainsi que nous en sommes venus, en moins
de huit ans, à fournir à l'Angleterre les cuirs
vernis que nous étions forcés de lui acheter.

Un des progrès les plus heureux , celui de
tous, que nous tenons le plus à constater, c'est
la diminution du prix de tous les produits ;
tissus, outils, meubles, deviennent désormais
accessibles aux classes ouvrières ; le bien-être
commence à se répandre partout, grâce au génie de l'industrie !

XI.

DIXIÈME EXPOSITION.

1844.

Pour donner une idée de cette magnifique exhibition, qui eut lieu dans un vaste bâtiment construit exprès sur le grand carré des Champs-Élysées, et réunit 3,960 exposants, il suffit de citer les premiers mots du discours prononcé par M. Thénard, président du jury central, à l'occasion de la distribution des récompenses :

« Les expositions de 1834 et de 1839 ont laissé de profonds souvenirs dans les esprits ; celle de 1844 en laissera de plus profonds encore : elle surpasse les hautes espérances que les deux premières avaient fait concevoir. »

Parmi les inventions les plus remarquables qui se produisent à cette exposition, il faut citer en première ligne l'appareil qui doit permettre de distiller l'eau de mer sur le foyer même qui sert, à bord des navires, à faire cuire les aliments. Ainsi, les arts et les sciences ont rendu en peu de temps quatre grands services à la marine : ils lui ont donné des aliments toujours frais, de l'eau toujours en abondance, d'excellents chronomètres à bas prix et la vapeur pour remonter les courants les plus rapides, et naviguer au milieu des écueils et des tempêtes.

Tout ce qui tient à la fabrication du fer a éprouvé de grandes améliorations ; la pile voltaïque est appliquée à l'art de dorer et d'argenter les métaux ; un jour peut-être elle servira de base à l'exploitation des minerais d'or, d'argent et de cuivre ; chaque jour est marqué par de nouveaux perfectionnements dans la fabrication des objectifs astronomiques.

Les manufacturiers, maintenant hommes de science en même temps qu'hommes pratiques, savent utiliser toutes les propriétés des objets.

Ici l'on condense la fumée de bois pour en faire un excellent vinaigre ou une sorte d'esprit de vin très-utile à l'éclairage.

Là, au moyen d'un système de conservation des eaux-mères des salines, on fabrique du sulfate de soude, du sulfate et du muriate de potasse, en quantité telle, que la France peut espérer bientôt de se voir délivrée du tribut qu'elle paye à l'étranger pour ces produits.

Ailleurs on convertit les débris, les *détritus*, les immondices en un excellent engrais; on imagine des méthodes très-économiques de chauffage au moyen de la vapeur; on perfectionne la construction de nos phares et la fabrication de l'acide sulfurique en utilisant les vapeurs corrosives qui rendaient l'opération dangereuse; on trouve moyen de fabriquer de la céruse, assez pour nous dispenser d'aller en chercher en Hollande, assez même pour en exporter; en mêlant l'alun au plâtre, on en fait une pierre dure, susceptible de recevoir le poli du marbre; on améliore la confection de la pâte au moyen du pétrin mécanique, et la cuisson du pain avec les fours aérothermes.

La récolte de la soie prend des développements immenses : celle de 1844 s'élève à environ 160 millions de francs; bientôt la France n'en tirera plus de l'étranger. La filature du lin, la teinture, la fabrication des couleurs, la production des laines ont fait d'immenses progrès, dont l'expérience vient chaque jour constater la solidité.

Mais l'industrie qui marche à pas de géant dans la voie du progrès, c'est l'industrie mère de toutes les autres, la fabrication des machines.

Dans le vaste musée qui lui est consacré au milieu des salles de l'exposition, on remarque parmi toutes les merveilles qu'elle a produites :

Des outils qui permettent de forer le sol jusqu'à plus de 500 mètres de profondeur, et d'en faire sortir des eaux en jets puissants, qui s'élancent dans les airs à une grande hauteur ;

Des instruments de précision qui attestent l'habileté et la sagacité de nos artistes ;

Des instruments aratoires qui proviennent de toutes les parties de la France, et qui prouvent que partout on fait des recherches agricoles dignes d'éloges ;

Un marteau du poids de 9,000 kilogrammes qui fonctionne avec la régularité d'une machine de précision, et dont les effets ont une puissance surprenante ;

Un métier propre à tisser deux châles à la fois, qu'une ingénieuse machine sépare ensuite en coupant le fil qui les réunit ;

Un barrage mobile dont les faciles manœuvres assurent en tout temps la navigation des rivières, même dans les eaux les plus basses ;

Un sifflet flotteur qui signale le trop peu d'eau que contiendrait une chaudière à vapeur, et les dangers qui en seraient la suite ;

Une presse monétaire qui, mue par la vapeur, frappe et cordonne tout à la fois les monnaies d'une manière constante et précise ;

Une machine qui taille les engrenages dans le bois et les métaux avec une perfection admirable ;

Une autre machine destinée à la construction des chaudières, et dont le travail est si parfait, que la main de l'homme ne pourrait l'égaler ;

Des systèmes complets d'outillage qui ne laissent rien à désirer : ici des tours de dimension variable, là des machines à diviser, des machines à raboter, des machines à buriner ; ailleurs des machines à aléser, à percer, à faire des écrous, toutes d'une rare perfection, toutes utiles, toutes désormais indispensables pour la construction des grands mécanismes.

« Enfin apparaissent, dit M. Thénard, ces moteurs de force diverse, d'une puissance quelquefois gigantesque, qui sont la merveille des temps modernes, moteurs que la France produit maintenant à l'égal de l'Angleterre, et dont la destinée sera peut-être un jour de changer la face du monde, en opérant dans les mœurs publiques la révolution la plus grande et la plus heureuse.

» N'est-il pas probable, en effet, que la rapidité avec laquelle les distances seront franchies établira entre les peuples des relations fréquentes , des liens de confraternité que resserreront encore les intérêts mieux compris? et n'est-il pas permis d'espérer que la guerre, qui n'est honorable qu'autant qu'elle a pour objet la défense de la patrie ou de l'honneur national, fera place à la paix qui devrait toujours régner, du moins entre les nations civilisées?

» Telle est, disait en terminant le président du jury , l'esquisse rapide des principaux progrès qui font de l'Exposition nouvelle la plus belle , la plus mémorable dont la France ait à se glorifier. »

Sur les 9,360 industriels admis à l'Exposition, 3,250 environ ont reçu des récompenses, si l'on comprend dans cette récapitulation les médailles, les mentions honorables et les citations favorables, les rappels de médailles, les rappels de mentions et les rappels de citations.

31 fabricants ont reçu la décoration de la Légion-d'Honneur. Voici leurs noms :

MM. André, fondeur au Val-d'Osne (Haute-Marne) ; — Bacot (Frédéric), fabricant de draps à Sédan (Ardennes) ; — Bonnet (Claude-Joseph), fabricant de soieries à Lyon (Rhône) ; — Bontemps, fabricant de verreries à Choisy-le-Roi (Seine) ; — Bourdon, directeur des forges et fonderies du Creusot (Saône-et-Loire) ; — Bourkardt (J.-J.), constructeur de machines à Guebwiller (Haut-Rhin) ; — Buron, fabricant d'instruments d'optique à Paris ; — Cail (J.-F.), constructeur de machines à Paris ; — Camu fils, filateur de laine à Reims (Marne) ; — Charrière, fabricant d'instruments de chirurgie à Paris ; — Chennevière (Théodore), fabricant de draps à Elbeuf (Seine-Inférieure) ; — Debuchy (François), fabricant de tissus de lin, de laine et de coton, à Lille (Nord) ; — Fauler aîné, fabricant de maroquins à Choisy-le-Roi (Seine) ; — Faure (Étienne), fabricant de rubans à Saint-Étienne (Loire) ; — Frèrejean, maître de forges à Vienne (Isère) ; — Girard, imprimeur sur tissus à Rouen (Seine-Inférieure) ; — Godard fils, fabricant de cristaux à Baccarat (Meurthe) ; — Grillet aîné, fabricant de châles à Lyon (Rhône) ; — Gros (Jacques), fabricant de tissus de coton à Wesserling (Haut-Rhin) ; — Lacroix (Jean-Justin), fabricant de papiers à Angoulême (Charente) ; Lefebvre (Théodore), fabricant de céruse aux Moulins-lès-Lille (Nord) ; — Lemire, fabricant de produits chimiques à Choisy-le-Roi (Seine) ; — Massenet, fabricant d'acier et de faux à Saint-Étienne (Loire) ; — Milliet, fabricant de porcelaine à Montereau (Seine-et-Marne) ; —

Ogereau, tanneur à Paris ; — Pecqueur, constructeur de machines à Paris ; — Roller, facteur de pianos à Paris ; — Roswag (Augustin), fabricant de toiles métalliques à Schelestadt (Bas-Rhin) ; — Schattenmann, directeur de la compagnie des mines de Bouxwillers (Bas-Rhin) ; — Thénard, ingénieur en chef des ponts et chaussées, à Abzac (Gironde) ; — Winnerl, fabricant d'horlogerie à Paris.

Le jury a en outre accordé, conformément aux précédents et aux instructions ministérielles, des récompenses à des personnes qui avaient rendu à l'industrie des services non susceptibles d'être représentés par des produits exposés en leur nom.

On peut juger, par ces résumés rapides et succincts de l'histoire de nos dix Expositions, des progrès immenses qu'a réalisés l'industrie française dans cette période de moins de cinquante ans, de 1798 à 1844. Quand on mesure l'étendue de toutes ces conquêtes que le génie de l'homme a faites sur la matière, on croirait lire l'histoire de plusieurs siècles ; jamais en effet à aucune époque de la vie du genre humain, le progrès n'est passé aussi rapidement du domaine de la science dans celui de la pratique. Pour peu que la seconde moitié du

19ᵉ siècle réponde à la première, il marquera dans l'histoire comme un grand siècle industriel, de même que le règne de Louis XIV conserve le titre de grande époque littéraire.

Nous croyons, quant à nous, que les expositions publiques ont beaucoup contribué à ce prodigieux développement, à ce magnifique mouvement du génie et du travail humains!

CHAPITRE II.

DE L'UTILITÉ DES EXPOSITIONS.

*Ce que les exposants ont à faire, avant
et pendant l'exposition, pour en tirer
le meilleur parti possible dans l'intérêt de leur maison.*

Après les faits si concluants qui se trouvent
énoncés dans notre résumé historique, nous
n'avons pas besoin d'insister sur l'utilité générale des expositions. Il est évident qu'elles sti-
mulent la production, activent la consommation
et contribuent, par la simplification des procédés et la diminution des prix, à la propagation
du bien-être.

Mais là ne se borne point l'utilité des expositions. Outre l'action qu'elles ont sur la prospérité de chacun en contribuant à la prospérité
générale, elles ont aussi une action très-directe
sur les affaires personnelles de l'exposant, à qui
elles offrent mille occasions d'études à faire, de

relations nouvelles à établir et de clientèle à accroître.

Seulement il est bon que l'industriel ou l'agriculteur qui n'ont pas encore l'expérience des expositions apprennent les moyens de tirer bon parti de cet élément de prospérité.

Les formalités que doit remplir l'industriel ou l'agriculteur qui a l'intention d'exposer sont fort simples ; elles se trouvent indiquées dans la circulaire du 28 février, adressée aux préfets de tous les départements (*voy.* page 118), et dans l'arrêté du préfet de la Seine, reproduit à la suite de ce chapitre, page 74. Des arrêtés, sinon tout à fait pareils, au moins fort analogues, ont dû être affichés dans tous les départements.

Après la déclaration et l'inscription, l'exposant doit s'occuper de soumettre au jury départemental les produits que celui-ci a mission d'apprécier. Pour ces produits, l'exposant doit moins viser à faire ce qu'on appelle de *belles pièces d'exposition* qu'à envoyer de nombreux échantillons de beaux et bons produits, tels qu'il peut les livrer journellement à la consommation. S'il veut avoir un grand succès auprès du jury central, il faut qu'il sacrifie souvent l'éclat à la qualité, le brillant à l'utile, le luxe au bon marché. Améliorer les qualités, diminuer les prix, tel doit être le double problème que se pose aujourd'hui chaque industriel, et surtout chaque agriculteur.

Une fois les produits admis, les exposants des départements font bien de venir eux-mêmes à Paris, afin de pouvoir, au moment de la décision favorable du jury central, présider en personne à l'emménagement de leurs marchandises dans les salles de l'exposition.

Aussitôt qu'ils sont installés, que leurs produits sont placés de la manière la plus favorable, la plus avantageuse, les exposants doivent s'occuper des moyens d'attirer utilement l'attention du public. C'est ici que se place naturellement la grande question de la publicité.

De la publicité.

Ce n'est point seulement pour aspirer à une récompense métallique et surtout honorifique que l'industriel engage dans des améliorations, des perfectionnements et des inventions nouvelles, des capitaux considérables. Sans doute la gloire qu'il en retirera a de quoi le flatter, mais combien ne serait pas vaine cette gloire, si elle n'avait pas le retentissement de la publi cité, si enfin, faute de notoriété suffisante, ces progrès, ces inventions ne recevaient pas une application immédiate, ne multipliaient pas le bienfait en le propageant partout.

Assurément la publicité que donne à tous l'exhibition quotidienne de tous leurs produits, la publicité que s'empressent de leur donner les journaux au moyen de comptes-rendus détaillés des Expositions sont on ne peut plus utiles; mais nous ne pensons pas qu'elles soient toujours suffisantes. Les écriteaux, les prospectus, les affiches, les cartes distribuées qui complétaient cette publicité ont été supprimés en 1844 par décision du jury central, et il n'est pas probable que le jury de 1849 les tolère. Il sera donc utile pour les exposants de se servir de la publicité des annonces de journaux.

Nous les engageons vivement, à cet égard, à éviter les grandes annonces charlatanesques, qui coûtent très-cher et compromettent la dignité de l'industriel. Il vaut mieux pour lui se borner à une simple mention, mais la répéter tous les jours ou tous les deux jours.

Si nous avions une annonce d'exposant à rédiger, nous ne la composerions pas autrement que celle-ci :

Tissus de laine. — Mérinos, depuis ... fr.

jusqu'à ... fr. — Draps, depuis ... fr. jusqu'à ... fr., etc. — M. ..., demeurant à ..., département d...., exposant sous le n° ..., salle .....

Quand l'exposant a été mentionné dans un article du journal dans lequel il fait l'annonce, il ajoute à la fin de son annonce ces mots : (Voir le numéro du ..., du ...)

Quant aux journaux que les exposants doivent choisir pour leur publicité, nous croyons, à part toute espèce de sympathie politique ou littéraire, que *la Presse* et *le Constitutionnel*, tant par le nombre que par la nature de leurs abonnés, sont ceux qui peuvent leur rendre les services les plus réels et les plus immédiats. Néanmoins, les exposants feraient bien d'exiger, tant de ces deux journaux que de tous ceux à qui ils donneraient leurs annonces, que la quatrième page contînt pour eux une catégorie spéciale, sous le titre de EXPOSITION DES PRODUITS DE L'INDUSTRIE, et qu'on rangeât là toutes les annonces relatives à l'exposition, par ordre rigoureusement alphabétique.

Par ce système d'annonces courtes et répétées très-souvent, tous les jours s'il est possible, l'industriel est certain d'attirer l'attention du public et d'amener auprès de son étalage de l'Exposition tous les gens intéressés à connaître

son produit et à se faire donner des renseignements explicatifs.

Il sera aussi très-bon de répéter l'annonce
après la clôture de l'Exposition, surtout si l'on
peut y ajouter la mention d'une récompense
quelconque.

Arrêté du préfet du département de la Seine.

Le représentant du Peuple, préfet du département de la Seine,

Vu l'arrêté du Président de la République, en
date du 18 janvier dernier, portant :

« Art. 1er. — Une exposition des produits in-
» dustriels et agricoles s'ouvrira à Paris, dans le
» grand carré des Jeux, aux Champs-Élysées, le
» 1er juin 1849, et sera close le 31 juillet suivant.

» Art. 2. — Dans chaque département, une
» commission nommée par le préfet statuera sur
» l'admission ou le rejet des produits présentés
» pour figurer à l'exposition.

» Cette commission aura, en outre, pour mis-
» sion de signaler, dans un rapport écrit, les ser-
» vices rendus à l'agriculture ou à l'industrie par
» des chefs d'exploitation, des contre-maîtres, des
» ouvriers et journaliers. »

Arrête :

Art. 1er. — A compter du 22 FEVRIER courant,
il sera ouvert, chaque jour, depuis onze heures

du matin jusqu'à quatre heures de relevée, à L'HOTEL-DE-VILLE (salle des Examens, entrée par la rue Lobau), un registre sur lequel se feront inscrire les manufacturiers et fabricants qui, domiciliés dans le département, désireront concourir à l'exposition des produits de l'*industrie*.

Ce registre sera clos le 31 MARS 1849.

Chaque manufacturier ou fabricant qui se présentera pour faire sa déclaration devra produire sa patente (*décision ministérielle du 8 février*) et fournir un bulletin indiquant ses nom, prénoms et domicile ; la nature, la situation, la date de fondation et l'importance de son établissement ; la quantité de matières premières mises en œuvre, la quantité et la valeur des produits livrés annuellement, soit au commerce intérieur, soit à l'exportation.

Art. 2. — Les objets à exposer qui, aux époques antérieures, devaient être déposés à l'Hôtel-de-Ville au moment même de la déclaration, n'y seront apportés, cette année, par les manufacturiers et fabricants, que sur l'avis qui leur en sera donné par la préfecture. Le prix de chaque article devra être indiqué.

La commission départementale prononcera successivement sur l'admission ou le rejet de tous les objets, préalablement classés par nature d'industrie.

Les produits qui, par exception, ne pourront être transportés, seront examinés à domicile par des membres de la commission.

Conformément aux instructions de M. le Ministre de l'Agriculture et du Commerce, les articles d'un caractère réellement industriel et qui ont une certaine importance, soit au point de vue des transactions auxquelles ils donnent lieu, soit au point de vue des perfectionnements dont ils ont été l'objet, pourront seuls figurer à l'exposition. Les produits de la science et des beaux-arts, tels que les méthodes d'enseignement, les appareils médicaux et les pièces anatomiques seront écartés. Seront également exclus les projets ou échantillons de produits industriels qui n'ont pas encore été consacrés par la pratique et qui, par conséquent, restent dans le domaine de la théorie; les objets qui appartiennent plutôt à la confection qu'à la fabrique, comme modèles pour la coupe des vêtements, etc.; enfin les produits chimiques ou autres qui seraient susceptibles de s'enflammer spontanément sous la température élevée des salles d'exposition.

Art. 3. — Ceux des chefs d'exploitation, contre-maîtres, ouvriers et journaliers du département, qui croiraient avoir droit à des récompenses pour services rendus à l'agriculture et à l'industrie, seront admis jusqu'au 31 mars à produire leurs titres à l'Hôtel-de-Ville.

La commission signalera, dans un rapport spécial, les pétitionnaires qui lui paraîtront avoir mérité des récompenses. Elle fera aussi des propositions d'office.

Art. 4. — Un arrêté ultérieur déterminera les conditions qui devront être remplies pour l'admission des produits *agricoles*.

Art. 5. — Le présent arrêté sera imprimé et publié dans les arrondissements de Paris et dans toutes les communes rurales du département.

Fait à Paris, le 17 février 1849.

Signé BERGER.

Par le Préfet :

Le Secrétaire général de la Préfecture.

Signé EDMOND ADAM.

CHAPITRE III.

DE L'EXPOSITION AGRICOLE.

Nous ne dirons qu'un mot de l'Exposition agricole. Ainsi que le dit le ministre, ce n'est qu'un essai. Mais nous tenons à encourager vivement les agriculteurs à contribuer de toutes leurs forces à la faire réussir.

Si court que leur paraisse le temps qu'ils ont eu pour se présenter, les fermiers, les nourrisseurs, les éleveurs, les horticulteurs, les vignerons surtout ne doivent point laisser passer une telle occasion sans en profiter, pour donner à la France et à l'étranger une haute idée de nos richesses agricoles. Qu'ils le sachent dès aujourd'hui, une autre exposition agricole aura lieu dans cinq ans, peut-être avant même; pour qu'on puisse alors juger du progrès qu'ils feront d'ici-là et les récompenser dignement, il est indispensable qu'ils exposent cette année.

Nous sommes convaincu, du reste, que la prochaine Exposition d'agriculture sera tout à fait indépendante de l'Exposition de l'industrie. Le gouvernement n'attendra pas cinq ans pour faire de nouveau appel à l'agriculture, cette mère-nourrice de la France, cette première source de presque toutes les autres industries. Dans trois ans, il peut convoquer les cultivateurs à un nouveau concours; et le jury aura, dès cette époque, nous n'en doutons pas, d'immenses progrès à signaler.

Alors on pourra choisir une saison plus favorable à une exhibition des produits de la terre; ce ne sera plus au mois de juin qu'on viendra demander une exposition de céréales, de fruits, de vins, de liqueurs fermentées, mais bien au mois d'octobre, c'est-à-dire à un moment où l'on pourra juger l'ensemble de toutes les récoltes obtenues pendant l'année.

En attendant, nous engageons particulièrement les horticulteurs et les pépiniéristes du département de la Seine, où la culture des fleurs, des fruits, des légumes et des arbres est en si constant progrès, à se hâter d'aller à la préfecture de la Seine faire leur déclaration.

Voici le texte de l'arrêté rendu par le préfet relativement à l'Exposition agricole :

Deuxième arrêté du préfet de la Seine.

Art. 1er. — Les cultivateurs du département qui se proposent de concourir à la prochaine Exposition des produits agricoles devront se faire inscrire sur le registre des déclarations ouvert à l'Hôtel-de-Ville (Salle des examens, entrée par la rue Lobau).

Ce registre sera clos le 31 mars courant.

Selon les instructions ministérielles, chaque cultivateur devra produire à l'appui de sa déclaration un bulletin indiquant ses nom et prénoms, son domicile, le titre auquel il exploite, c'est-à-dire sa qualité de propriétaire, fermier, métayer, herbager, nourrisseur, etc. ; le siége de l'exploitation et l'époque depuis laquelle elle est dirigée par l'exposant ; le tableau de l'étendue et du produit moyen de l'exploitation en matières animales et végétales, le nombre de bras que l'exposant emploie ordinairement, les primes, médailles ou mentions qu'il a obtenues dans les concours ou les précédentes expositions.

Art. 2. — Sur l'avis qui leur en sera donné par la Préfecture, les cultivateurs enverront à l'Hôtel-de-Ville, au jour qui leur sera indiqué, les produits qu'ils auront déclaré vouloir exposer.

La Commission départementale prononcera immédiatement sur l'admission ou le rejet de ces produits.

CHAPITRE IV.

DE L'ADMISSION DES PRODUITS DE L'INDUSTRIE ÉTRANGÈRE A L'EXPOSITION DE 1849.

Les doctrines du *libre-échange*, propagées depuis longues années dans le pays par les économistes, ont inspiré au ministre du commerce et de l'agriculture l'idée de préparer cette grande réforme douanière, dont la réalisation ne peut avoir lieu que dans un avenir encore bien éloigné, par l'admission au nombre des exposants de 1849 des industriels étrangers, de tous pays, dont les produits ont une supériorité bien marquée.

Néanmoins il a cru devoir, avant de prendre une résolution définitive à cet égard, consulter les diverses chambres de commerce de France, ce qu'il a fait par la circulaire suivante :

Circulaire adressée aux membres des chambres de commerce.

Du 10 février 1849.

Messieurs, au moment où mon département s'occupe de tout ce qui peut contribuer à donner à l'exposition qui doit s'ouvrir le 1er juin prochain un caractère d'utilité publique, j'ai pensé qu'il y aurait un intérêt pour le pays tout entier à connaître le degré de progrès et de perfectionnement auquel sont parvenus les produits étrangers avec lesquels les nôtres se trouvent sans cesse en concurrence sur les marchés extérieurs.

Dans le rapprochement et la comparaison que chacun pourrait faire des résultats aujourd'hui obtenus en agriculture et en industrie, soit en France, soit au dehors, il y aurait d'utiles enseignements à retirer, et surtout un principe d'émulation qui tournerait au profit du pays. J'avais déjà cette pensée avant que le département de l'agriculture et du commerce m'eût été confié; elle a encore été fortifiée en moi par les vœux que m'ont exprimés, à cet égard, des hommes également distingués par la position qu'ils ont acquise et par les services qu'ils ont rendus à l'industrie. Toutefois je ne me dissimule pas que des difficultés d'exécution pourraient se présenter si l'on devait admettre indistinctement tous les produits qui seraient offerts. L'espace manquerait pour les recevoir, puisque la superficie donnée aux bâtiments de l'exposition a été calculée pour l'admission de nos seuls produits nationaux. Cette considération serait, sans doute, de nature à me faire ajourner 'exécution d'un essai utile; mais ces difficultés pourraient être surmontées si on admettait les seuls produits étrangers qui, soit par leur nouveauté, soit par leur supériorité, pourraient exercer sur notre industrie la plus heureuse influence.

Vous aurez donc à vous prononcer d'abord sur le principe même d'une exposition de produits étrangers, et, dans le cas où vous jugeriez que l'essai doit être tenté, vous auriez à signaler à mon département les articles que, dans votre opinion, nous aurions le plus grand intérêt à voir figurer à la prochaine exposition.

Je vous invite, en conséquence, à m'indiquer nominativement et avec le plus grand soin les divers produits dont l'admission offrirait au pays l'avantage de l'initier à la connaissance, soit de nouvelles applications industrielles, soit de nouveaux produits, soit de perfectionnements importants. Voulant conserver à l'exposition le double caractère qui lui a été donné par mon prédécesseur, il est bien entendu que les productions agricoles, les instruments aratoires, aussi bien que les articles de nos manufactures, devront être compris dans la nomenclature des articles susceptibles d'être admis.

L'essai que je désire tenter aujourd'hui sur une

grande échelle l'a été déjà, si je suis bien informé,
dans deux expositions provoquées, il y a quelques
années, par les chambres de commerce de Lyon
et de Mulhouse. Ce qui a été fait alors dans l'intérêt d'industries spéciales, vous jugerez, sans
doute, utile de le faire sur des bases beaucoup
plus étendues.

Quant à la nature des formalités et des conditions à remplir par les étrangers pour l'admission
de leurs produits, j'aurai à m'entendre à cet égard,
si vous approuvez le principe d'une exposition de
produits étrangers, avec mes collègues les minis-
tres des affaires étrangères et des finances.

Veuillez, messieurs, prendre en très-sérieuse
considération l'objet de cette lettre et m'adresser
le plus tôt possible les renseignements qu'elle pro-
voque.

Je n'ai pas besoin de vous rappeler que, l'exposition devant ouvrir le 1er juin, et les produits
devant être rendus à Paris, au plus tard, à la fin
d'avril, il importe que votre réponse me parvienne
sans aucun retard.

Recevez, messieurs, l'assurance de ma considération la plus distinguée.

Le ministre de l'agriculture et du commerce,

L. BUFFET.

Assurément le ministre a pris un parti très-sage et qu'on ne peut qu'approuver ; disons pourtant qu'il n'est pas, à notre avis, tout à fait sans inconvénients.

En effet, malgré tout le zèle et l'empressement que plusieurs chambres de commerce ont déjà mis à répondre à la circulaire, que toutes les autres mettront sans aucun doute à délibérer sur la question, il est difficile que toutes les réponses soient arrivées et que le ministre ait pu prendre une décision avant la fin du mois de mars. Or ne peut-il pas se faire que plusieurs grandes industries, plusieurs importantes maisons, effrayées par l'éventualité de l'admission des produits étrangers en concurrence avec les leurs à l'Exposition, aient suspendu leurs préparatifs en attendant la détermination du ministre ; que, prévenues ensuite trop tard de la résolution qui sera probablement prise, elles ne puissent plus se trouver dans les délais fixés pour les déclarations? N'est-il pas à craindre que cette indécision de la part d'un certain nombre de fabricants, en les obligeant à renoncer à l'Exposition pour cette année, ne fasse perdre à cette solennité une partie de cet éclat si nécessaire à la prospérité de notre industrie et au rétablissement du crédit commercial ?

Dans tous les cas, nous croyons pouvoir affirmer aux industriels qui liront à temps notre travail que la question sera très-probablement résolue dans le sens de l'admission des seuls produits de l'industrie française, comme par le passé. Ils peuvent, du reste, faire sans crainte à l'avance leurs déclarations; cette formalité ne les oblige à rien pour l'avenir. Si, contrairement à nos prévisions, le ministre se décidait en faveur de l'admission des produits étrangers, ils en seraient quittes pour n'envoyer ni leurs produits ni leurs échantillons au jury départemental.

Nous ne voulons point traiter à fond ici la grave question de la liberté des échanges. Nous croyons que notre système de douanes et de prohibitions doit être considérablement modifié, si l'on veut concilier les intérêts bien entendus du consommateur et du producteur; mais le moment ne nous semble pas opportun pour entrer résolument et énergiquement dans cette voie de liberté. Chaque réforme, chaque progrès doit venir à son heure, en industrie comme en politique. Le jour viendra, et il n'est peut-être pas si éloigné qu'on le pense, où l'industrie française se sera élevée à un degré assez éminent de perfectionnement pour pouvoir affronter toutes les concurrences et se proclamer elle-même mûre pour la liberté.

La question d'opportunité a du reste été traitée contradictoirement avec beaucoup de talent par M. Adolphe Blanqui aîné et le rédacteur de la *Presse*, dans le numéro du 15 février. Nous renvoyons nos lecteurs à cette discussion, et nous déclarons que, pour notre compte, malgré toute la confiance que nous inspire l'opinion de M. Blanqui, si compétent en pareille matière, nous n'hésitons pas à nous ranger du côté du rédacteur de la *Presse*.

Nous croyons devoir en outre publier dans son entier une délibération de la Société industrielle de Mulhouse, qui vient d'être adressée au ministre du commerce à propos de son projet. Ce document achèvera d'édifier nos lecteurs sur cette question d'opportunité.

« Le progrès est la première loi de l'industrie. Tendre sans relâche au perfectionnement de ses produits et à leur création au plus bas prix que possible, se tenir constamment au courant des améliorations introduites à l'étranger dans les divers genres de fabrication, tel est le rôle que s'impose l'industriel éclairé. Ce n'est qu'à ce prix qu'il peut mériter le titre si justement dû au producteur, d'homme utile à son pays.

» Telle est aussi la manière dont l'industrie alsacienne a compris sa tâche; elle y a été puissamment aidée par la législation douanière en vigueur, qui, en lui évitant une concurrence inégale de la part des industries étrangères, et en lui donnant l'assurance de voir ses progrès rémunérés par la vente qui lui est réservée sur le marché intérieur, lui a permis de faire les avances nécessaires pour élever rapidement une industrie naissante au niveau de celle des pays voisins et dont l'existence remonte à plusieurs siècles. C'est ainsi que, dans nos contrées, tel établissement a vu depuis trente ans son matériel renouvelé deux ou trois fois, dans le but de le maintenir à la hauteur des progrès de l'industrie étrangère.

» Aussi nos produits industriels, tant par suite de cette émulation naturelle qui pousse les fabricants à se créer une réputation et à la soutenir par la bonne confection de ses articles, que par suite de la nécessité de faire face à une concurrence intérieure, souvent exagérée, nos produits, disons-nous, sont arrivés à un degré éminent de bonne qualité et de bon marché.

» On ne saurait nier cependant que plus d'un

désavantage ne nous reste encore au regard de certaines productions rivales. L'une se procure la main-d'œuvre à beaucoup plus bas prix que nous, et nous prime pour les marchandises où la façon entre pour une forte part. Telle autre a pour elle les matières premières à sa portée, le fer, le charbon à plus bas prix qu'il ne nous est donné même de l'espérer, l'intérêt des capitaux à un taux moindre, enfin l'extension de ses débouchés qui lui permet d'opérer sur une échelle beaucoup plus vaste. Il faut donc encore à l'industrie française bien des efforts, bien du courage surtout, pour vaincre en quelque sorte jusqu'à la nature, et parvenir au degré de bas prix atteint par quelques contrées dans la création des produits manufacturés.

» Ce sont ces désavantages que la France industrielle a encore sur des peuples plus favorisés sous ce rapport, qui font paraître plus dangereux à plus d'un titre, aux yeux de la société industrielle de Mulhouse, le projet de rapprocher dans la grande Exposition nationale de 1849 les produits étrangers de ceux du pays.

» Nous l'avons dit, si, quant à la qualité de ses productions, l'industrie nationale ne craint aucun parallèle, il n'en est pas de même sous le rapport des prix ; non qu'elle soit réellement demeurée en arrière pour l'économie des procédés de fabrication, mais parce que les conditions qui lui sont faites par l'administration d'une part, de l'autre par l'état physique du pays, n'ont aucune identité avec celles de quelques autres contrées.

» Serait-il cependant à propos d'exposer aux yeux du public ces différences de prix? Le public n'est pas en général initié aux conditions de la production. Il ne peut juger, il ne jugera que d'après l'inspection des prix de vente; et en voyant quelques-unes de nos marchandises, même supérieures en qualité, cotées à un prix plus élevé que celles de l'étranger, il sera porté à concevoir une opinion défavorable de la production nationale, sans se rendre compte des motifs qui la renchérissent.

» Prenons pour exemple les tissus de coton : la comparaison fera ressortir une certaine différence entre le prix des calicots étrangers et celui des nôtres. Croit-on que le public saura que notre industrie cotonnière paye sur toutes ces matières premières des droits de douane dont nos rivaux sont affranchis ?

» Saura-t-il que nos établissements industriels sont soumis à des charges de toutes sortes qui, nous ne craignons pas de le dire, dépassent dix fois celles que supportent les fabriques de la Suisse?

» Non ; le public ne verra qu'une chose : *le meilleur marché du produit étranger*. Il ignorera que si le fabricant français est obligé de lui demander un prix plus élevé, ce surplus a été versé par lui sous forme de droits de douanes, impositions et aux autres taxes, dans les caisses de l'État, au profit de la communauté elle-même. Il ignorera que l'industrie nationale, lors même qu'elle exige des prix quelque peu supérieurs à ceux de l'étranger, donne une immense impulsion aux transactions intérieures du pays et à son commerce maritime, augmente les débouchés des produits agricoles et fait vivre des millions d'ouvriers; résultat que tout citoyen éclairé ne saurait méconnaître comme supérieur en importance à une faible économie dans sa dépense personnelle.

» Mais le produit anglais est à plus bas prix. Le public se croira donc lésé ; et ainsi tendrait à s'établir cette ligne de démarcation entre consommateurs et producteurs qu'on ne s'est déjà que trop efforcé de faire naître. Or, nous l'avouons, nous ne voyons pas quel but de patriotisme ou de philanthropie pourrait se rattacher en ce moment à une nouvelle cause de division de plus entre Français.

» Mais ce n'est pas là ce que veut l'administration; ce qu'elle veut, — on ne saurait le mettre un instant en doute, — c'est d'abord la consolidation, puis le développement de l'industrie de cette branche si importante de la prospérité nationale. On ne saurait en douter après la funeste expérience que le pays vient de faire des maux que fait peser sur lui la souffrance des intérêts industriels. La diminution des recettes de la douane et du fisc, les bouleversements produits par l'oisiveté des classes ouvrières, sont des souvenirs trop récents pour qu'on oublie de quelle haute importance est l'activité des ateliers.

» Or, la mesure proposée, loin de servir ce grand intérêt, ne peut au contraire que lui nuire. Sans aucun but d'utilité pratique, texte fourni d'avance aux déclamations hostiles à l'industrie nationale, elle irait directement contre les intentions bienveillantes et protectrices qui doivent animer le gouvernement à l'égard de celle-ci.

» Répondant à la circulaire de M. le ministre du commerce, plusieurs corps constitués de l'industrie ont manifesté la crainte que la perspective d'avoir à lutter contre les fabricants de pays qui ont joui du calme le plus parfait, tandis que nous traversions en France la crise la plus sinistre, n'éloigne nos industries de l'Exposition. On a dit encore que, à coup sûr, l'étranger n'y enverrait que les produits dans lesquels il excelle, sans s'exposer à la comparaison lorsqu'elle pourrait ne pas tourner à son avantage. On a élevé quelques doutes sur la sincérité parfaite du prix de vente qu'il indiquerait, en songeant de quel haut intérêt il serait pour lui de paraître l'emporter sur nous.

» On a dit enfin que les expositions françaises finiraient par ne plus servir, en quelque sorte, qu'à faire connaître à grands frais pour nous les produits des concurrents industriels de la France. La Société industrielle ne peut que se rallier à ces diverses objections, qui toutes lui semblent parfaitement fondées.

» Que si les produits de fabriques françaises ont quelque chose à gagner à être comparés à ceux de l'étranger, ce n'est pas, on peut l'affirmer, par une sorte de joute dans une exposition publique, que cet effet utile peut se produire : c'est devant les industriels seuls, qu'il est vraiment à propos qu'une semblable comparaison soit faite. Alors elle pourra donner un résultat non plus de vaine curiosité, mais d'activité pratique, surtout si les types étrangers ne sont pas présentés sèchement avec la cote de leurs prix, mais s'ils sont accompagnés de documents soigneusement étudiés sur les procédés de fabrication.

» La Société industrielle n'est point ici en contradiction avec ce qu'elle a décidé lors de son Exposition particulière en 1838. A cette époque, elle y admit des produits étrangers. Quels étaient-ils? Ceux de pays voisins dont les conditions de fabrication sont à peu près les mêmes pour nous. Il n'est jamais entré dans ses intentions d'admettre à cette comparaison publique les produits anglais ou belges créés sous des conditions si différentes des nôtres. Du reste, les temps ont bien changé depuis lors ; et si, à l'époque dont on parle, l'industrie alsacienne a paru pouvoir soutenir sans danger ce rapprochement avec les marchandises étrangères, parce que plusieurs années prospères semblaient l'avoir assise sur des bases solides, il n'en saurait être de même aujourd'hui que des secousses fatales l'ont ébranlée au point de mettre son existence même en question. Il faut aujourd'hui plus que jamais à l'industrie protection, sécurité et confiance pour fermer ses plaies et retrouver quelques jours de prospérité. Elle les attend d'abord sans doute de ses efforts, mais aussi de la sagesse et du discernement des mesures administratives. »

CHAPITRE V.

LES INDUSTRIELS NON PATENTÉS ET LES FAILLIS NON RÉHABILITÉS.

Lettre adressée à M. Émile de Girardin.

Frappé des inconvénients qui pourraient résulter, pour l'exposition de 1849, de l'exclusion des industriels non patentés et des faillis non réhabilités, nous avions adressé, dès le 7 mars, la lettre suivante au rédacteur de la *Presse*, après avoir prévenu les bureaux du ministère du commerce. L'abondance des matières ne permit pas de l'insérer immédiatement. Le 9 mars, au moment où la lettre allait être publiée, la mesure relative aux patentes fut rapportée. Nous avons cru néanmoins devoir la reproduire en entier. Du reste tous les arguments relatifs à l'exclusion des faillis subsistent encore aujourd'hui, 17 mars. Nous espérons que le ministre consentira bientôt à lever pour eux l'interdit, comme il l'a levé pour les industriels non patentés.

« MONSIEUR ,

» Permettez-moi de me servir des colonnes de votre journal pour signaler au gouvernement et au public une mesure aussi étrange que déplorable, et qui me paraît susceptible de compromettre gravement le succès de notre prochaine exposition des produits de l'industrie.

» Je sais trop avec quelle faveur vous accueillez toutes les réclamations justes et raisonnables, pour ne pas être assuré que vous vous empresserez de prêter le concours de l'immense publicité dont vous disposez, et, au besoin, l'appui de votre talent, à la cause importante que je vais tâcher de défendre en quelques lignes.

» Aux termes d'une décision ministérielle du 8 février, chacun des manufacturiers ou fabricants qui se présentent pour se faire inscrire sur les registres consacrés à l'exposition des produits de l'industrie de 1849, et faire sa déclaration à la préfecture de son département, est tenu de produire sa patente.

» Il résulte de la lettre précise de cette décision que l'industriel qui n'a pas de patente, ne peut être admis à faire sa déclaration et est, par conséquent, *exclu* de l'exposition de 1849.

» Le bureau de la préfecture de la Seine a ainsi refusé cette année un grand nombre d'inscriptions à des industriels, à des artisans, a des ouvriers qui avaient déjà exposé plusieurs fois.

» Eussent-ils reçu des récompenses aux précédentes expositions, ils n'en seraient pas moins refusés, exclus, s'ils n'ont pas de patente ; les termes de la décision sont clairs et formels.

» Je ne veux point m'appesantir sur la partie politique d'une pareille mesure. Je regrette même vivement, je l'avoue, qu'elle puisse fournir aux ennemis systématiques du gouvernement une occasion de signaler ce qu'il y a de peu démocratique, de peu républicain, d'illogique surtout, à exclure pour la première fois des grandes expositions publiques les industriels non patentés, sous l'empire d'une Constitution qui a promis d'honorer, de protéger le travail et le talent.

» N'est-il pas triste, en effet, qu'on puisse dire que c'est la République qui inaugure un système d'exclusion dont l'Empire, la Restauration et la monarchie de juillet n'ont point offert d'exemple !

» Loin de moi, du reste, la pensée de croire que M. le ministre du commerce ait arrêté un seul instant son esprit sur les conséquences politiques et industrielles de cet acte. Bien convaincu que cette mesure est le résultat d'une de ces erreurs administratives qui se glissent si souvent dans le travail des bureaux, et prouvent chaque jour l'urgente nécessité de la *réforme administrative* que vous demandez avec une si éloquente persévérance ; je ne doute pas que M. Buffet ne s'empresse de revenir sur sa décision du 8 février, aussitôt que les tristes effets qu'elle doit produire inévitablement lui auront été signalés.

» Si jamais ces idées d'exclusion ont pu venir soit à des membres du jury central, soit à des fonctionnaires du ministère du commerce, effrayés de l'accroissement formidable du nombre des exposants, ce n'est pas assurément en 1849, après une année qui a si profondément ébranlé la production manufacturière et le travail industriel de notre pays, qu'on devait songer à les appliquer. Déjà de fâcheux symptômes font craindre que cette exposition ne soit pas aussi brillante que les précédentes (au 8 mars le bureau d'inscription de la préfecture de la Seine n'avait encore reçu, en effet, que 400 déclarations, en 1844 il en a reçu en tout près de 3,000!)(1). Est-ce dans de pareilles circonstances qu'on peut songer à aucune exclusion systématique !

» D'ailleurs, est-ce à de pauvres artisans, artistes ou inventeurs, qui travaillent peut-être depuis plusieurs années à perfectionner leurs produits pour les rendre dignes de l'exposition, qu'on a le droit de refuser la publicité et les chances de rémunération nationale auxquelles ils aspirent !

» M. le ministre n'ignore pas que Paris contient des centaines d'ouvriers en chambre, qui fabriquent, sans patente, pour les grandes maisons de commerce et de commission. Ces ouvriers, à qui l'on doit beaucoup de ces chefs-d'œuvre de tabletterie, de ciselure, de ces petits objets d'ameublement, qui font la renommée de l'*article-Paris* et l'envie de l'industrie étrangère : ces ouvriers sont les plus habiles et les plus courageux. Déshérités déjà du capital qui leur permettrait d'agrandir leur fabrication,

(1) Aujourd'hui, 16 mars, au moment de mettre sous presse, nous apprenons que le nombre des inscriptions est de plus de neuf cents.

doit-on les déshériter encore de la gloire industrielle pour laquelle ils sont appelés tous les cinq ans à concourir?

» C'est sur l'exposition qu'ils comptent peut-être pour trouver le capital qui les mettra à même d'organiser un atelier et de prendre une patente. Est-il juste de les priver de cette chance de succès? Est-il convenable de priver le trésor de cette chance d'impôt?

» Et puis que de produits remarquables, d'inventions utiles et curieuses, ne va-t-on pas proscrire de l'exposition, si l'on persiste dans ce système désastreux! On risque à la fois de diminuer l'éclat de cette solennelle exhibition de nos produits, et de compromettre notre gloire industrielle.

» Et cela dans un moment où notre industrie a tant besoin de toutes ses ressources!

» Je me bornerai à citer un seul exemple éclatant et tout actuel : l'obligation de produire une patente ne permettra pas à MM. Maurel et Jayet de présenter à l'Exposition leur ingénieuse machine à calculer, qui a fait l'admiration de l'Académie des sciences, et dont M. Moigno a fait un si éclatant éloge dans *la Presse* du 6 mars.

» Cette mesure a un autre grave inconvénient ; elle expose les véritables producteurs et les inventeurs à se voir réduits, pour que leurs œuvres aient les honneurs de l'exposition, à les vendre à des maisons de commerce et à subir ainsi les conditions d'une odieuse exploitation.

» Combien est différent l'esprit dont étaient animés les membres du jury central de 1844 (jury tout monarchique cependant), lorsqu'ils écrivaient, dans l'exposé de leurs travaux, les lignes suivantes :

« Plusieurs commerçants en détail qui ven-
» dent des objets d'art ou autres qu'ils ne fa-
» briquent pas eux-mêmes, qu'ils font parfois
» exécuter sur des modèles et sur des dessins
» achetés à des artistes, ont émis la prétention
» d'être considérés comme producteurs et ad-
» mis à ce titre à l'Exposition. Le jury central,
» après de longues discussions, a déclaré que,
» malgré son désir de reconnaître les services
» que le commerce rend à l'industrie, il ne
» devait pas perdre de vue qu'il était principa-
» lement institué pour apprécier les résultats
» des efforts et du talent des producteurs ; que
» c'était à ceux - ci seulement que les récom-
» penses pouvaient être décernées, et que la
» participation des commerçants non-fabricants

» à ce grand concours aurait pour résultat né-
» cessaire et fâcheux d'en écarter souvent le
» *producteur obscur* qui se trouverait dans
» *leur dépendance.* En conséquence, il a
» décidé que chacun serait admis à exposer
» seulement ses propres produits, et que l'on
» ne considérerait pas comme tels des objets
» fabriqués sur des modèles, dessins, etc.,
» acquis, mais non exécutés par celui qui vend
» ces objets. »

» Le jury monarchique de 1844 était-il donc plus démocrate, plus paternel pour les *pro ducteurs obscurs* que l'administration républicaine de 1849 !

» Il me reste un mot à dire en faveur des faillis non-réhabilités, que le jury de 1844 avait exclus seulement du concours aux récompenses, et que l'administration exclut, m'a-t-on dit, de l'Exposition même.

» Un article récemment publié dans *la Presse* faisait ressortir ce qu'il y a d'injuste à frapper de trop d'incapacités les faillis qui ont été souvent plus malheureux que coupables, à un moment surtout où les conséquences d'une révolution imprévue ont exposé tant d'honnêtes industriels à suspendre leurs payements.

» Ne serait-il pas encore plus injuste de les

priver d'un élément de succès qui peut leur fournir un moyen d'aspirer et de parvenir, à force de travail, de talent et d'économie, à une honorable réhabilitation?

» Du reste un simple raisonnement éclairera parfaitement ce côté de la question.

» Quel est le principal but des expositions des produits de l'industrie?

» N'est-ce pas de mettre en lumière les progrès de nos travaux industriels, de les porter à la connaissance de nos compatriotes, du commerce et des étrangers?

» La gloire de notre pays n'y est-elle pas aussi intéressée que la renommée des industriels eux-mêmes?

» Pourquoi donc, si un failli non réhabilité, mais *concordataire*, c'est-à-dire reconnu plus malheureux que coupable, est véritablement un homme de génie, l'administration priverait-elle la France de la gloire industrielle et des avantages qui peuvent en résulter pour toute la nation?

» J'espère, monsieur, que vous voudrez bien donner place dans votre journal à ces réflexions désintéressées d'un homme entièrement étranger à l'industrie, et leur accorder le plus promptement possible la consécration de la publicité.

» La question est urgente. Il importe que le ministre soit immédiatement éclairé ; c'est ce qui m'a décidé à employer la voie de la presse en même temps que les voies administratives.

» Agréez, monsieur, l'assurance de ma considération très-distinguée.

J..... L.....

DOCUMENTS OFFICIELS.

I.

Circulaire adressée aux présidents des sociétés d'agriculture.

Paris, le 11 octobre 1848.

Citoyen, c'est l'année prochaine qu'a lieu la grande exposition publique de l'industrie française.

Jusqu'à présent, l'agriculture n'a été représentée dans cette sorte de bilan de nos richesses nationales que par quelques appareils ou instruments agricoles et de rares échantillons de fil de laine et de soie.

Le gouvernement de la République a résolu d'employer tous les moyens propres à faire cesser cette infériorité relative. En effet, c'est l'honneur de l'industrie agricole de fournir à l'industrie manufacturière les matériaux élémentaires de la plupart des produits que celle-ci confectionne ; c'est également son droit et son devoir de ne pas rester au-dessous de cette dernière pour la valeur, le mérite et le nombre des objets qu'elle fabrique elle-même. Elle doit, en un mot, prouver son égale aptitude à la production des matières premières et à la fabrication des produits en ce qui la concerne.

L'administration est décidée à ne rien négliger pour atteindre ce résultat, et son intention est d'appeler l'agriculture à prendre la plus large part possible à l'exposition.

Je vous invite, en conséquence, à me faire savoir promptement quels seraient les produits agricoles de toutes sortes, de toute nature, de toutes formes, de tout degré de végétation, animaux, plantes, graines, fleurs, fruits, etc., etc., qui pourraient être offerts par les localités placées dans la circonscription de l'association que vous présidez ; à quelles époques ils pourraient être envoyés utilement à Paris, et dans quelles conditions cet envoi se ferait le plus avantageusement.

Salut et fraternité.

Le ministre de l'agriculture et du commerce,

Signé TOURRET.

II.

Circulaire adressée aux membres des chambres de commerce et consultative.

Paris, le 19 octobre 1848.

Citoyens, c'est en 1849, vous le savez, que revient l'époque consacrée par un long usage à l'exposition des produits de l'industrie française. Le gouvernement s'est empressé de demander à l'Assemblée nationale le crédit nécessaire pour cette grande solennité industrielle; je viens maintenant vous consulter, citoyens, sur l'époque d'ouverture qui vous semblerait le mieux répondre au but de l'institution.

Si vous vous reportez aux expositions antérieures, vous ne perdrez pas de vue que des considérations étrangères à la question même avaient influé sur le choix de l'époque adoptée. Ainsi, de 1798 à 1806, les expositions, dont la durée était fort courte, commencèrent aux jours complémentaires, c'est-à-dire vers la fin de septembre, a cause des solennités auxquelles ces jours étaient consacrés. En 1819 et 1824, on choisit le mois d'août, à cause de la Saint-Louis, qui tombait le 25; un motif analogue contribua à faire adopter depuis 1830 le 1er mai, jour de la Saint-Philippe, pour l'ouverture des trois expositions successives

Aujourd'hui, l'intérêt du pays, celui de son industrie et de son commerce doivent seuls être interrogés en déterminant l'époque de la solennité dont il s'agit.

C'est donc sous ce rapport, citoyens, que vous envisagerez les divers éléments de la question.

Vous savez que les expositions amènent toujours dans les fabriques et ateliers l'exécution d'ouvrages qui, même sans sortir des conditions de la fabrication, ont cependant pour destination spéciale d'être soumis au jugement du public. Si on choisissait aujourd'hui l'époque du mois de mai ou de juin de l'année prochaine, les articles que les fabricants se proposeraient d'exposer devraient être confectionnés cet hiver. N'y aurait-il pas là un élément de travail dont il faut tenir grand compte au milieu des circonstances actuelles? On peut encore ajouter que, dans l'hypothèse dont il s'agit, la construction des salles serait aussi, durant la saison où les travaux de ce genre deviennent si rares, un moyen d'occupation pour un nombre assez notable d'ouvriers de divers corps d'état.

Vous n'oublierez pas non plus, d'une part, que l'exposition attire à Paris, soit des départements, soit de l'étranger, un nombre considérable de visiteurs dont la présence active le mouvement des affaires ; d'autre part, que cette solennité donne naissance à d'importantes commandes dans les différentes branches de l'industrie nationale.

Ne serait-il pas avantageux au pays de ménager pour l'année prochaine, dès le commencement de la belle saison, d'aussi puissants motifs de ranimer les travaux et de stimuler l'élan que les opérations industrielles et commerciales tendent à reprendre à mesure que la confiance s'affermit?

J'ai dû vous signaler les motifs qui porteraient mon département à rapprocher le plus possible l'époque de l'ouverture; mais je désire avant tout être positivement fixé sur les vrais besoins de l'industrie, de manière à concilier tous les intérêts engagés dans la question.

Une considération particulière a d'ailleurs préoccupé mon département. Jusqu'ici les expositions avaient été spécialement consacrées à l'industrie proprement dite, et j'ai pensé que l'agriculture, qui occupe une place si importante dans le travail national, devait aussi être admise à exposer ses produits si divers. Il importe donc aujourd'hui, en déterminant l'époque la plus favorable aux intérêts industriels, de tenir compte en même temps des justes exigences de l'agriculture.

Quelle que soit l'époque que vous croyiez devoir proposer, mon département attache le plus grand intérêt à connaître immédiatement l'opinion de votre chambre.

Salut et fraternité.

Le ministre de l'agriculture et du commerce,
Signé TOURRET.

III.

Rapport au Président de la République.

Paris, le 14 janvier 1849.

Monsieur le Président,

Une loi, adoptée par l'Assemblée nationale le 22 novembre dernier, a ouvert à mon département un crédit de 600,000 francs, destiné à subvenir aux dépenses de l'exposition nationale des produits de l'industrie agricole et manufacturière en 1849.

Toutes les mesures ont été immédiatement prises pour la construction des bâtiments dans le grand carré des jeux aux Champs-Élysées. Les travaux se poursuivent avec rapidité, et seront terminés dans le courant du mois de mai prochain. Les constructions ont été combinées de manière à permettre d'exposer, pour la première fois, les produits de l'industrie agricole à côté de ceux de l'industrie manufacturière.

Il reste aujourd'hui à fixer le jour de l'ouverture de cette exposition, à pourvoir à la formation des commissions départementales chargées de prononcer l'admission ou le rejet des produits, et à celle du jury central qui doit apprécier les titres des exposants aux récompenses décernées par le gouvernement.

Tel est l'objet de l'arrêté ci-joint, que j'ai l'honneur, monsieur le Président, de soumettre à votre signature. Les dispositions vous en paraîtront, j'espère, fondées sur l'expérience du passé et sur le sentiment des besoins actuels.

Vous savez que dix expositions se sont succédé à dater de l'an VI. J'ai fait dresser le tableau suivant, pour vous mettre mieux à même d'apprécier le développement de cette institution.

Relevé général des expositions de l'industrie.

NUMÉROS D'ORDRE.	OUVERTURES.		JOURS.	LIEU de L'EXPOSITION.	NOMBRE	
	JOURS ET MOIS.	ANNÉE.			des EXPOSANTS.	des RÉCOMPENSES.
1.	3 derniers jours complémentair.	1798 (an VI).	3	Champ - de- Mars.	110	23
2.	5 jours complémentair.	1801 (an IX).	6	Louvre.....	229	80
3.	*Idem*....	1802 (an X).	7	*Idem*........	510	254
4.	*Idem*....	1806........	24	Esplanade des Invalides.	1,422	610
5.	25 août et suiv....	1819........	35	Louvre.....	1.662	809
6.	*Idem*....	1823........	50	*Idem*........	1,612	1,091
7.	1er août..	1827........	62	*Idem*........	1,795	1.254
8.	1er mai...	1834........	60	Place de la Concorde.	2,447	1,785
9.	*Idem*....	1839........	60	Champs-Elysées.	3,281	2.305
10.	*Idem*....	1844........	60	*Idem*........	3,960	3,253

Comme vous pouvez en juger, monsieur le Président, en jetant les yeux sur le tableau qui précède, l'époque d'ouverture des expositions antérieures avait été déterminée par des considérations étrangères au but même de l'institution. Cette année, mon département a voulu recueillir les vœux de l'industrie et du commerce avant de vous proposer une décision à ce sujet. Les chambres consultatives des arts et manufactures et les chambres de commerce ont été appelées à donner leur avis sur l'époque de l'année qui convenait le mieux aux intérêts qu'elles représentent. C'est après avoir soigneusement consulté leurs délibérations, et cherché à concilier toutes les exigences, que je crois devoir vous proposer, dans l'article 1er de l'arrêté précité, de fixer l'ouverture de l'exposition de 1849 au 1er juin prochain.

L'article 2 porte, conformément à l'usage adopté jusqu'à ce jour, qu'une commission nommée par le préfet, dans chaque département, statuera sur l'admission ou le rejet des produits présentés pour l'exposition ; mais il ajoute que la commission aura en outre à signaler, dans un rapport écrit, les services rendus à l'agriculture ou à l'industrie par des chefs d'exploitation, des contre-maîtres, des ouvriers ou journaliers. C'est là une innovation dont vous ne pouvez manquer d'approuver la pensée, car elle a pour but de faire participer aux récompenses nationales tous les agents qui concourent à la production agricole ou manufacturière.

Le jury central conserve ses anciennes attributions ; il examine les produits exposés, et il rédige un rapport d'après lequel des récompenses sont accordées, soit aux exposants, soit aux chefs d'exploitation, contre-maîtres ou ouvriers signalés par les commissions départementales. L'article 64 de la Constitution chargeant le Président de la République de présider aux solennités nationales, c'est à vous qu'il appartiendra de décerner des récompenses à ceux qui les auront méritées. Ils y trouveront la juste rémunération des travaux accomplis et un stimulant efficace à de nouveaux efforts.

Ainsi, en élargissant encore la sphère de l'institution, l'arrêté ci-joint lui conserve le caractère d'un des plus nobles et des plus féconds encouragements donnés à l'industrie nationale.

Veuillez agréer, monsieur le Président, l'hommage du profond respect de votre très-humble serviteur.

Le ministre de l'agriculture et du commerce,

Signé L. BUFFET.

ARRÊTÉ.

AU NOM DU PEUPLE FRANÇAIS,

Le Président de la République,

Sur le rapport du ministre de l'agriculture et du commerce,

Vu la loi du 22 novembre dernier, qui ouvre au

ministère de l'agriculture et du commerce un crédit de six cent mille francs, destiné à subvenir aux dépenses de l'exposition des produits de l'industrie nationale en 1849,

Arrête ce qui suit :

Art. 1er. Une exposition des produits agricoles et industriels s'ouvrira à Paris, dans le grand carré des jeux aux Champs-Élysées, le 1er juin 1849, et sera close le 31 juillet suivant.

Art. 2. Dans chaque département, une commission, nommée par le préfet, statuera sur l'admission ou le rejet des produits proposés pour figurer à l'exposition. Ce jury aura, en outre, pour mission de signaler, dans un rapport écrit, les services rendus à l'agriculture ou à l'industrie par des chefs d'exploitation, des contre-maîtres, des ouvriers ou journaliers.

Art. 3. Les produits dont l'admission aura été prononcée seront expédiés du chef-lieu du département à Paris, et réexpédiés de Paris au chef-lieu du département, aux frais de l'État ; le département de la Seine est excepté du bénéfice de cette disposition.

Art. 4. Un jury central, nommé par le ministre de l'agriculture et du commerce, sera chargé d'apprécier le mérite des produits exposés et les titres des chefs d'exploitation, contre-maîtres ou ouvriers, pour la distribution des récompenses.

Le rapport du jury central sera transmis au ministre de l'agriculture et du commerce, et les récompenses seront décernées, à ceux qui les auront méritées, par le Président de la République, qui, aux termes de l'article 61 de la Constitution, préside aux solennités nationales.

Art. 5. Le ministre de l'agriculture et du commerce est chargé de l'exécution du présent arrêté.

Paris, le 18 janvier 1849.

Signé L.-N. BONAPARTE.

Le ministre de l'agriculture et du commerce,

Signé L. BUFFET.

IV.

Circulaire adressée aux préfets.

Paris, le 28 février 1849.

Monsieur le préfet,

Vous avez reçu, le 3 de ce mois, avec le rapport qui le précédait, l'arrêté rendu par le Président de la République concernant l'exposition des produits de l'industrie agricole et manufacturière en 1849. Vous avez dû vous mettre immédiatement en mesure de constituer la commission départementale chargée, aux termes de l'article 2 de l'arrêté, de statuer sur l'admission ou le rejet des produits présentés. Le succès de l'exposition dépendant en grande partie du discernement et de la fermeté que la commission apportera dans l'accomplissement de sa mission, il importe que les membres appelés à la composer joignent aux connaissances spéciales les garanties de moralité et d'indépendance que cette mission réclame.

Parmi les hommes que leurs études et leur position désignent d'avance à votre choix, se placent naturellement l'ingénieur en chef des ponts et chaussées, l'ingénieur des mines, l'architecte du département, et, dans quelques arrondissements du littoral, les ingénieurs des constructions maritimes.

Chaque commission, suivant que le département est industriel et agricole, devra se recruter, en outre, dans les conseils généraux de l'agriculture et des manufactures, dans les sociétés d'agriculture, les comices agricoles, les chambres consultatives des arts et manufactures, les conseils des prud'hommes et les chambres de commerce. Le nombre des membres dépend des circonstances locales, que vous êtes seul à même d'apprécier.

La commission sera placée sous votre présidence personnelle. Elle est juge au premier degré des produits présentés. Elle devra se pénétrer de l'idée que les expositions générales seraient impossibles si elles n'étaient pas limitées aux seuls produits sérieux de notre industrie agricole et manufacturière.

En ce qui concerne l'industrie, on n'admettra que les articles qui auront une véritable importance, soit sous le rapport des échanges auxquels ils donnent lieu, soit sous le rapport du mérite de l'exécution ou des perfectionnements qu'ils ont reçus.

En ce qui concerne l'agriculture, on ne recevra que les instruments perfectionnés et les produits qui se recommandent par leur qualité ou qui ont été l'objet de quelques appropriations nouvelles. Il ne faut pas perdre de vue qu'il s'agit moins, pour cette fois, d'une exposition générale des produits agricoles que d'un essai dont la sphère doit être nécessairement circonscrite. Cette observation s'applique particulièrement à l'admission des produits vivants. L'espace réservé ne permet point de recevoir de chaque département une grande quantité d'animaux. En conséquence, la commission devra se borner à faire l'appréciation des sujets qui seraient présentés et à en adresser une liste, par ordre de mérite, pour chacune des espèces chevaline, bovine et ovine, en distinguant les races ou variétés. Vous voudrez bien m'adresser cette note, et je vous indiquerai alors immédiatement les animaux qui pourront être envoyés de votre département.

Je vous ferai également observer que les lots de moutons ne peuvent, en tout cas, dépasser le chiffre de quatre à cinq bêtes, mâles et femelles, tous appartenant à la même race ou variété.

Enfin, vous voudrez bien faire connaître aux cultivateurs exposants que les animaux, par des motifs qu'il est inutile d'énumérer ici, ne pourront demeurer exposés que pendant un laps de temps plus restreint que celui accordé aux autres produits.

Des instructions ultérieures vous seront adressées à cet égard.

La commission doit veiller à ce qu'un même agriculteur ou fabricant n'expédie pas plusieurs échantillons de produits de même nature, et à ce que les articles admis soient réduits au nombre indispensable pour faire apprécier le mérite d'une fabrication ou exploitation.

Pour prévenir les abus, j'ai décidé que tout exposant devra, en présentant ses produits à la commission départementale, justifier de sa patente comme fabricant, (1) ou de sa qualité d'exploitateur rural. Le nombre des articles admis sera consigné dans le bordereau qui devra m'être adressé en triple expédition et dont vous recevrez prochainement le modèle. Il importe que les fabricants et les agriculteurs sachent que le jury central, juge en dernier ressort de la qualité des produits, est autorisé à faire réexpédier les articles dont l'admission ne lui paraîtrait pas justifiée. J'insiste vivement sur la nécessité d'obtenir des renseignements précis concernant le prix de chaque article exposé. Sans la connaissance du prix, le jury central se trouverait dans l'impossibilité de remplir la mission de haute appréciation qui lui est confiée, et pourrait être obligé de mettre hors de concours les fabricants et agriculteurs qui n'auraient pas fourni les renseignements demandés.

Vous veillerez tout particulièrement, monsieur le Préfet, à ce qu'il ne soit expédié aucuns produits chimiques ou autres susceptibles de s'enflammer spontanément, soit durant le transport, soit sous la température élevée des salles de l'exposition.

Les commissions départementales ont reçu de

(1) Voir la lettre ci-dessus, page 96.

l'arrêté du 18 janvier une attribution nouvelle sur laquelle je dois appeler votre attention particulière. Elles doivent signaler, dans un rapport spécial, les services rendus à l'agriculture ou à l'industrie par des chefs d'exploitation, des contre-maîtres, ouvriers ou journaliers. Ainsi tous les agents qui concourent à la production agricole ou manufacturière se trouvent admis à participer aux récompenses nationales. Dans aucun cas, les commissions ne peuvent se dispenser de rédiger le rapport spécial dont il s'agit; si même elles n'avaient aucun fait à signaler, elles devraient dresser un rapport négatif.

Vous donnerez aux instructions qui précèdent, aussitôt qu'elles vous seront parvenues, la plus grande publicité possible. Vous ferez ouvrir à votre préfecture et dans chaque sous-préfecture de votre département un registre pour l'inscription des déclarations des agriculteurs, fabricants et industriels qui se proposent d'exposer. Ces déclarations devront indiquer, savoir :

En ce qui concerne l'industrie :

A, le nom du fabricant, son domicile, la nature de son industrie, le siége et la date de fondation de son établissement, le nombre d'ouvriers qu'il emploie dans ses ateliers et le nombre de ceux qu'il fait travailler au dehors, la nature et la force de son moteur, le nombre de ses métiers, feux, fours, forges, etc. ;

B, la quantité de matières premières qu'il met

en œuvre, l'importance annuelle en quantité et en valeur des produits qu'il livre soit au commerce intérieur, soit à l'exportation, les avantages que présente l'établissement pour la localité, les médailles ou récompenses honorifiques que le fabricant a pu obtenir.

En ce qui concerne les produits directs de l'agriculture :

Les nom et prénoms du cultivateur, son domicile, le titre auquel il exploite, c'est-à-dire sa qualité de propriétaire, fermier, métayer, herbager, nourrisseur, etc. ; le siége de l'exploitation et l'époque depuis laquelle elle est dirigée par l'exposant, le tableau de l'étendue et du produit moyen de l'exploitation en matières animales et végétales, le nombre de bras que l'exposant emploie ordinairement, les primes, médailles ou mentions qu'il a obtenues dans les concours ou les précédentes expositions.

Enfin, en ce qui concerne les produits sortis des autres industries, mais qui, employés par l'agriculture ou par l'horticulture, sont compris, à ce titre, parmi les produits agricoles, tels que les instruments aratoires, les outils et machines servant aux emplois et travaux agricoles, les ustensiles et agencements de ferme, etc., les indications devront être les mêmes que pour ceux de l'industrie proprement dite.

Je compte, monsieur le Préfet, sur votre vive

sollicitude pour seconder les intentions du Gouvernement.

Veuillez, en m'accusant réception de cette circulaire, me transmettre le procès-verbal de la constitution de la commission départementale.

Recevez, monsieur le Préfet, l'assurance de ma considération très-distinguée.

Le Ministre de l'agriculture et du commerce,

Signé L. BUFFET.

TABLE DES MATIÈRES.

—

Pag.

CHAPITRE IV.

CHAPITRE V.

DOCUMENTS OFFICIELS.

www.ingramcontent.com/pod-product-compliance
Lightning Source LLC
LaVergne TN
LVHW021846170726
843503LV00003B/1098